法話

帰命《きみょう》のこころ

――正信偈《しょうしんげ》をいただいて――

廣澤 憲隆

安城御影　親鸞聖人坐像

「法話　帰命のこころ　―正信偈をいただいて―」

再販にあたって

住職　廣澤　晃隆

この度、前住職　淤泥院釋憲隆　三年忌法要にあたり、「法話　帰命のこころ―正信偈をいただいて―」を再販させていただく運びとなりました。

再販に至る過程は、級友でもあり、光輪会会長でもあった石渡勝春様より、友人や子や孫に伝えたい本として購入したいとお願いされたところ、ほとんど在庫が無いことに気づき、私自身もあらためて読んだところ、前住職の生きた言葉が甦ってくるようで、これは皆様に読んでもらわなくてはならないと思い立ち再販にいたりました。

令和三年七月二十日にお浄土に帰られて早二年、前年の十二月から体調が思わしくなかった父ですが、それでも精力的に文筆活動、布教にも廻り、肺癌が見つかるまでは単なる過労と思っていました。その中で四月初め、私に本山の総務のお話を頂き、その旨相談したところ、「いろいろ勉強してきなさい」と押し出してくれました。しかし今考えてみると、その時の体調を考えるならば行かせたくなかったというのが本音であったと思います。それまで胃癌、膀胱癌も完治し、病院にはまったくお世話になっていなかったのに、その時は、相当体調が悪くなっていたのでしょう、検査したところ肺癌が見つかったのです。そして七月まであっという間の出来事でした。

佛光寺本山も慶讃法会という五十年に一度の大法要を迎えるにあたり、またコロナ禍という中で勤めることがはたしてできるのかという状況の中、前住職が亡くなる中で、新潟と京都の毎週往復の二足の草鞋は、坊守はじめ家族、瑞林寺法務員、光輪会会員、御門徒、本山関係者の皆様にどれだけご迷惑をかけ、また助けられたかを鑑みるならば、身をもって一人では生きていくことはできないことを教えられました。

慶讃法会の基本理念は「大悲に生きる人にあう　願いに生きる人となる」です。まさに前住職は私にとって、弥陀の大悲に生きた人です。その言葉の一言一句が、この本に赤裸々に語られています。その願いに生きる人が次々と生まれてくださることが、前住職の願いでもあり、現住職としての願いでもあります。そしてこの願いを子々孫々にお伝えくださることを念願いたしまして、この本を再刊いたしました。念仏とは、国や時代、世代や性別、習慣や法律を越えて、お互いが念じ合う世界をあらわします。どんな苦難な状況でも支え合い、助け合う世界、それが念仏の世界です。それが「帰命のこころ」と前住職は教えてくれます。

【目　次】

一、「下げる世界」と「下がる世界」

本日から、報恩講の布教ということで、お正信偈《しょうしんげ》の「帰命無量寿如来《きみょうむりょうじゅにょらい》、南無不可思議《なむふかしぎ》光《こう》」という一番最初の二句をとおしてお話をさせていただこうと思います。

お正信偈は、皆さんご存じのように、親鸞聖人がお作りになり、それを私たち真宗の門徒は毎日の朝夕のお勤めに使わせていただいておりまして、もっとも親しみ深いものであります。実は、「南無阿弥陀仏」の心を開きますと「帰命無量寿如来、南無不可思議光」となるのです。まず「無量寿」とは、「量《はか》りないいのち」あるいは「限りなきいのち」という意味でありまして、「無量寿如来」とは、「はかりないいのちである如来」ということを表します。私たちは限りのあるいのち、即ち有限な人間です。どんなに

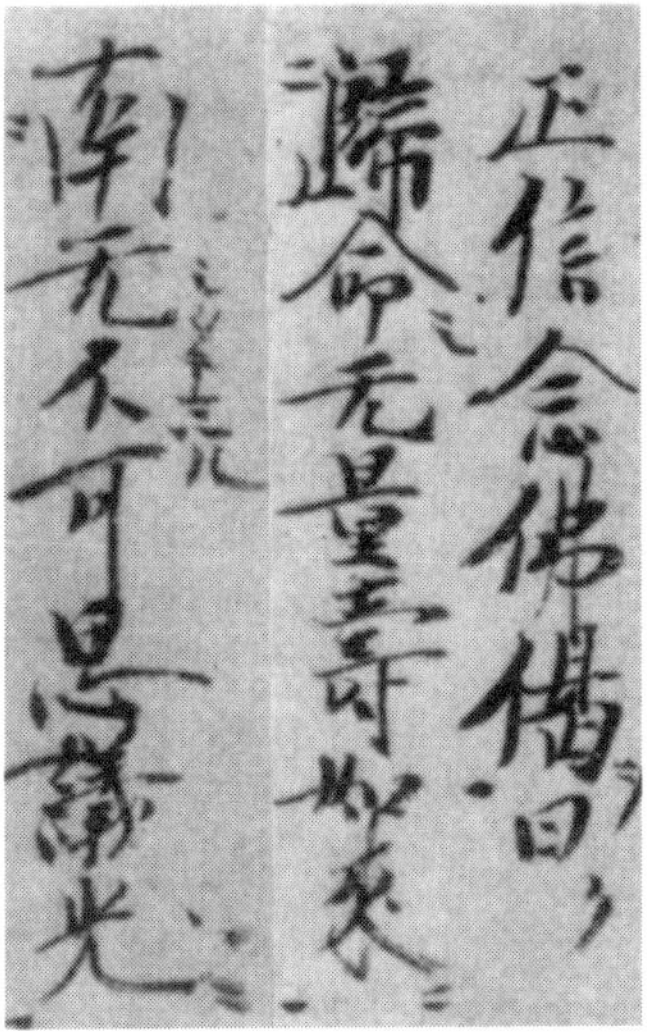

親鸞聖人「正信念佛偈」

長生きしても百五十まで生きた人はいません。それに対して阿弥陀如来は限りないいのちの如来、無量寿如来ということです。またつぎに阿弥陀如来は、不可思議なる光のごとき如来であると告げられます。ですから阿弥陀仏のお心を開いてみると、いのち限りなく、光限りなしということになります。その阿弥陀如来様に、「帰命」し、「南無」したてまつるということです。この「南無」は、元々古いインドの言葉の「ナーモ」ということ、「阿弥陀仏」はアミダユースからきています。今の子供は英語を習いますが、皆さんもいつでも子供のころから外国語、インドのことばを使っているのですよ。生まれたときから「ナムアミダブツ」ととなえているではありませんか。

お釈迦様はインドでお生まれになり、インドで育った仏教はシルクロードを通って遠く中国に伝わりました。中国は漢字の国ですから、「ナモアミダブツ」を、「南無阿弥陀仏」と六字の漢字をあてて表しました。すなわち音で訳したのです。また、ナーモの意味を「帰命」と訳しました。これを意訳といいます。ですから南無と帰命は同じ意味です。

このように南無阿弥陀仏は「いのち限りなく、光限りない阿弥陀如来様に『南無』したてまつる、『帰命』したてまつる」という意味になりますが、これからそのお心を少しずついただいていきたいと思います。

「南無」の心、「帰命」の心は、仏様の教えに帰依するところの一番大切な、出発点となる心です。この心がなかったらば仏教は成り立ちません。もし仏様の教えにふれて、仏様の教えに生きようとするならばこの南無、帰命の心がなければなりません。今日は、まず、この南無と帰命の心を私たちの生活のなかをとおしてお話をさせていただきます。

「南無」はインドの言葉に漢字をあて、その心を中国では「帰命」と訳しましたが、今日この心はなかなか分かりづらいものになっております。なにしろ今から千年も千五百年も前に訳された言葉なんですからなおのことです。それでは私たちの日暮らしの中で、「帰命」というのは、どのように了解させていただいたらよいのか。朝起きて、食べて、仕事をして暮らしていく中で、どのように「南無」の心、「帰命」の心をいただいていったらよいのでしょうか。

私は「南無」「帰命」の心を、今日の生活の言葉として申し上げますと「頭の下がる世界」と了解させていただいております。私たちは普段のことばで「頭を下げる」ということをよく使いますね。この「頭を下げる」も「頭が下がる」も同じ動作ですがその心は百八十度も違います。皆さん、「下げる」と「下がる」とはどう違うと思いますか。形を見れば同じですよね。

「下げる」というのは、例えば、「おはようございます」と挨拶をすることですよね。まあ頭を下げることができなかったら人間一人前ではありませんね。挨拶もできないようでは困ります。お店をもって、お客様から品物を買ってもらうのに「ありがとうございました」と御礼を言わなければ誰も買いに来てくれません。物のない時代ならともかく、今は競争の時代です。頭を下げなかったら誰も来ません。「下げる」ということは、そういう意味では「生きる」ということではないでしょうか。これは生活の基本です。この躾が今の時代なかなかできていません。

皆さんのご家庭ではお孫さんたちの挨拶はどうですか、上手にできていますか？　先生に対して、昔なら三歩下がって師の影を踏まずなどということばもありましたが、今は先生か友達か分かりません。先生の方が先に「おはよう」、と生徒に言わなければならない時代です。若い子は「オース」とあごを上げて答えています。

現代はそれをどこで教育するかといっても、もう家庭でも学校でも教育する場がありません。親の言うことなどなかなか聞いてくれません。私も子供が三人おりますが、お恥ずかしながら挨拶が上手だなどととても申せません。一番下の娘のことをお話しますと、朝起きてはじめて会うと私の方から「おはよう」と声をかけます。すると娘もあわてて「おはよう」と返します。その時さらに加えて私は「ございます」を付けなさいと催促します。ですから、娘は「おはよう」と答えたあと私の顔を見て慌てて「ございます」と付け加えるんです。これも訓練だと思ってしているんです。簡単に言えば、躾とはそういうことではないでしょうか。このままで社会へ出ていってはどうなるのかを考えると、うるさいおやじかもしれないけれども、せめてそれくらいの事はしておかなければならないと思って、口うるさく言うわけです。

「鏡御影」晩年の親鸞聖人

新入社員の教育というのがあります。会社が新入社員にマナーを教えます。今までひげを生やし、髪も伸ばしていた若者が、入社して全部さっぱりとした姿となってまず、挨拶の仕方から教わります。

大きな会社であればあるほど、キチッと教え込むでしょう。「何だ、お前の会社の社員は、挨拶もロクにできないのか。そんなことでは営業マンとして世間に通用しないぞ」とお客様から言われないように、これは会社の顔に関わることですから、何度も頭を下げさせて体で覚えさせます。そんなふうに躾けないと使いものにならないのが今の若い人ですね。

デパートの店員などは、まず、頭を四十五度になるまで下げる練習をさせられるんだそうです。四十五度というと、相当下げなければなりませんね。身体を二つに折らねばなりません。四十五度曲げて床を見る。そして「ありがとうございます」と、そしてお客様の顔にあわせてニッコリとする。このように頭を下げるという躾を仕込まれ、訓練されます。トレーニングですね。努力が必要なわけです。これが生きるための訓練ですね。

それに対して、仏法の、南無の世界は、「下がる世界」です。

そこで皆さんにお聞きいたしますが、ご自身の根性、私たちの本性は、どうなっているでしょうか。「頭は下げたくない」と思っていませんか。私の根性は実はそうなんです。下げたくありませんね。できれば相手に下げさせたい、下げてもらいたいと思っています。「下げる」というのは、実は、「下げたくない私ですが、下げなければ生きていけないので仕方なく下げる」ということなのです。本当は反《そっく》り返って生きたいのです。人間はほうっておけばますます調子にのって反り返ってしまう。それをグーっと抑えるには努力がいるわけです。力がいるわけです。

ここにお集まりのおばあちゃんたちは、他人様には、「ご苦労様でございます」と頭を下げ挨拶されるけれども、同じように家のお嫁さんには下げられますか。それが私たちの本性です。頭を下げることができるようになれば一人前だと昔からいってきましたが、凡夫の心は、本当に下げたくない根性のかたまりなのですよね。

それに対して、「下がる世界」は、南無の世界、仏様の世界です。「下げる世界」は日常の生活を生きる道徳の世界であり、「下げさせる世界」は地獄の世界とでもいいましょうか。「実るほどに頭《こうべ》をたれる稲穂かな」という句がありますが、人間という奴はなかなか偉くなればなるほど下がらないもので、逆に偉くなればなるほど反り返るものです。

下げるというのは、本当に努力が必要ですね。「頭を下げれば済むんだよ」と言われましても、なかなかメンツや立場が邪魔して下げられません。特に男はそうじゃないでしょうか。意地をはってなかなかできない。ですから下げるには、人間相当に自分の努力がいる。これを「自力」といいます。

それに対して「下がる世界」は、努力によるものじゃないですね。「下がる」といえば、上に「自然に」「自《おの》ずと」ということばがつくでしょう。「下げる」は、「一生懸命」「努力して」ということでしょう。ですから「自然に」というと人間の「努力」ではないのです。「どうして」とか「こうして」ではなく、自ずとそうなる。ここが「下がる」ということと、「下げる」ということの違いです。自分の力ではなくて自然に、自ずとですから、これを「他力」といいます。私たちの浄土真宗は他力本願。他力の「他」は他人ではなくて仏様のこと、如来の力ということです。人間の世界は自力、努力の世界、さらに地獄の世界は、「私の勝ち」「あんたの負け」「下げたくない」「下げられない」「下げさせる」世界です。お恥ずかしいことですが、このような地獄の根性しか持っていないのが私の心の底の生活の日々でございます。

その中にあって、私たちが南無の心・帰命の心をいただき、自ずと下がる世界にあずかる。これが南無阿弥陀仏の宗教の世界です。

二、泥の凡夫

「下がる世界」、これが南無の世界と申しましたが、そのことを私は若い時、長いこと信心を磨いてこられた私の門徒のおばあさんに教えていただきました。大学を卒業して、寺へ帰りまして毎月二十八日のお講さまでお説教をしなければなりません。そこではじめて始めましたのが、今いただいているお正信偈さまです。そうしますとお正信偈はまず帰命無量寿如来から始まります。今から二十五、六年前のことですが、「下がる世界」と「下げる世界」を話しておりました。このちがいまではお話することはできます。ところがここまできたけれども、若い私はそこで話が詰まってしまったのです。「下げる世界」は説明できるけれども、そこで「下がる世界」ということになると、これは、自然に、自ずとなるのだから、計らいでもないし、努力でもないわけでしょう。自然にそうなるというと、どうなるんだろうかと思うと分からなくなったんです。そこで私はお参りをしている方々にたずねました。「どうしたら下がりますか」でも、「どうしたら」といったら、それはもう計らいですね。そうでしょう。計らいでもない、自ずと、自然にということですから、方法はないわけです。知恵や学問ではなく、知識教養でもない。お念仏さまに遇わさせてもらったご縁でしか、下がるということはないわけですからね。

それでお参りしているおばあちゃんに、「どうですか」と相談してみました。そうしたらこういう答えが返ってきました。私の話を聞いて下さっているおばあちゃんが「ご当院さま。私らはね、強情で意地っ張りで、とてもとても頭など下がりません」そのおばあちゃんは下がりませんと言われるのに、見るとその姿はちゃんと下がって合掌して南無阿弥陀仏、南無阿弥陀仏とお念仏申しておられるのです。これには驚きました。なるほどなあと、私は本当に、はじめて教えそのものを教えてもらいました。「下がりません」と言われる・・・・そのまま下がっているでしょう。「お恥ずかしい。とてもとても頭の下がるような私ではございません」と申されるままそこにちゃんと自ずと、自然に下がっている姿が与えられているんですね。

浄土真宗の世界、お念仏さまの世界は、ここなんですね。ありがたいことです。これが仏法不思議ということでしょう。下がらないという私に、下がる世界がちゃんと身に備わる。それは計らいでもなければ、努力でもない。教養でも知識でもない。下がりませんと言う、そのまま下がる世界が与えられるということが、浄土真宗のお念仏さまの世界です。

皆さんうなずけますか。

よく世間では、宗教とは、下げるように努力する世界だと思われています。だから努力や修行が大事であると、これは分かります。人間である以上これは大事なことですから。けれどもお念仏さまの世界は、「この私は、とてもとても強情な奴でお恥ずかしいことに下がらんのでございます」というまま「下がる世界」が実現することなのですね。ありがたいことです。種も仕掛けもありません。凡夫が凡夫のままに、悪人が悪人のままに、愚かなものが愚かなままにです。賢くなって下がるわけでも、偉くなって下がるわけでもない。立派になって下がるわけでもない。学問をして八万の法蔵を知って下がるわけでもない。そのまま下がる世界が与えられるのです。私は本当にありがたいと思いました。今もお正信偈のお心をお話しさせていただいて、そのおばあちゃんから教えていただいたことを皆さんに、おすそ分けしているのです。下がりませんと言う強情な下がらぬ者に下がる世界が生まれる、本当に不思議でしょう。

昔から浄土真宗の人はこんな風に言いました。「泥の凡夫に花が咲く」と。阿弥陀如来様は蓮《はす》の台《うてな》の上にお立ちになっていらっしゃる。蓮はどこに育つでしょうか。決して立派な田畑には育ちません。稲も育たないような条件の悪い下田、沼地の泥をいのちとして、清らかな一点も濁りなき花が咲くというので、蓮の花が仏様の花になっていますね。「泥あればこそ咲く蓮の花」といわれる訳ですね。今日は泥の凡夫がお集まりです。私も皆さんも煩悩の泥だけはいっぱいいただいております。泥を持ってのお参り、ありがとうございます。そうですね。だから下がりませんというおばあちゃんは、いわゆる泥だらけのおばあちゃんといえるでしょう。威張りたがり屋で意地っ張りで、頭などいやでも下げたくありません、と私のことを言っているわけでしょう。別に理屈を言っているわけではありません。この根《こん》性《じょう》の底の底を照らして下さるのが如来様の光ですね。み教えという光に遇わせてもらって、

私たちの根性の底の底まで照らし出して下さる。その通り、その通りとあるがままの私の心の底を示して下さったのが南無不可思議光、光の阿弥陀如来様です。光というのはみ教え。み教えに遇わなければ、私が分からない。凡夫《ぼんぶ》の根性が分からない。私に遇わせてもらえれば、「お恥ずかしい限り、下がらない私でございます」そこに、立派な花が咲いてくる、蓮の花が開くのです。

皆さん、私たちはありがたいことに煩悩——業《ごう》だけ

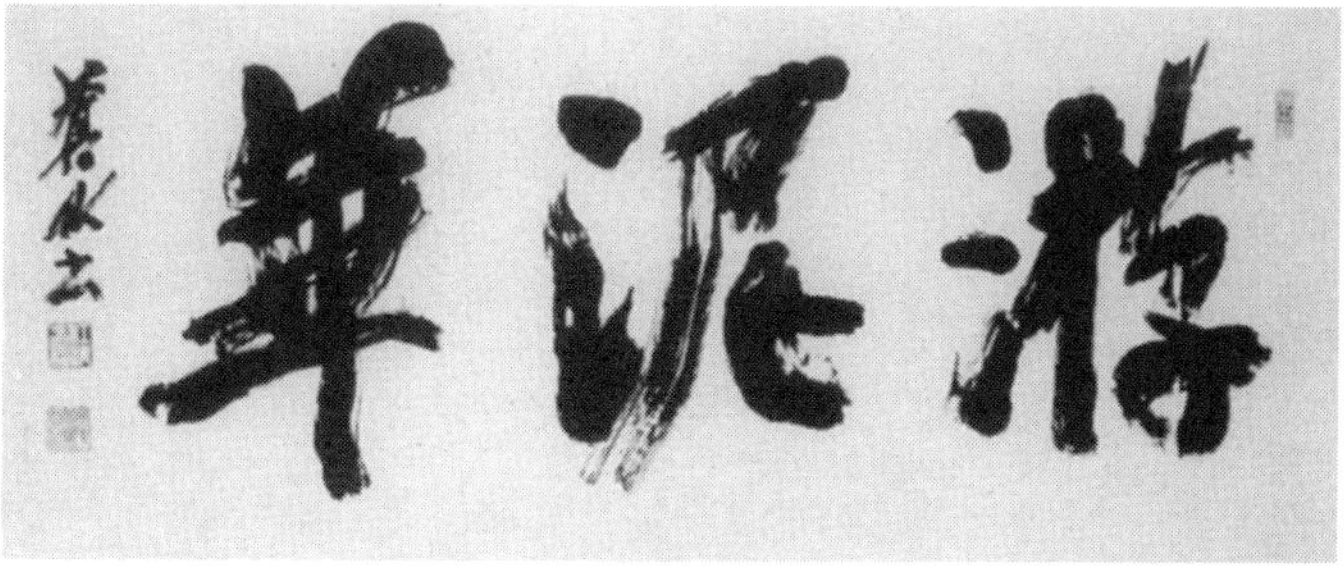

淤泥華（おでいげ）　　　　（江川蒼竹書）

はいっぱいもらってきていますね。業をかかえ、煩悩の泥いっぱいで、それだけに花を咲かせる因《もと》だけはいっぱいもらってきている。花が開くか開かないかは、人生にあって仏法とのご縁の問題です。だれにでも南無阿弥陀仏の花が開く、そのもととなる泥は山ほどもらってきています。よかったですね。私の身体のなかには鬼も棲《す》んでいます、蛇も棲《す》んでいます、泥だらけでございます。それあればこそ咲く蓮の花、煩悩の泥が花を開くか、いやらしい爺さん・婆さんで終わってしまうのかは、それはあなた方自身の責任です。蓮の花を開かせるためにお寺があって、報恩講さまがあって、親鸞様は私たちにお念仏のみ教えを残して下さいました。そういう宝物をいただいていながらその宝に遇《あ》わないでいくのは、おのおの方の勝手ですが、人生七十年、八十年生きて、「本当にありがたい人生でございました。またお浄土で遇わさせてもらいましょう、ともにまた遇いましょうね」と言えるような、そういう人生をいただくご縁はちゃんと備わっている。そのご縁を生かすか生かさないかは、親鸞聖人が「面々のおんはからいなり」とおっしゃっていますね。損をするか、しないかはあなた方一人ひとりの問題です。あと残りわずかなのですから、急ぎましょう。花開かせて死ぬか、開かせないでしぼんで泥だらけの人生で終わってしまうかは、一人ひとりのしのぎです。未来も明るい、過去も助かった、またお浄土で遇わさせてもらいましょうね、二度とない人生、娑婆《しゃば》へ出させていただきました、ありがたいことでございますという人生を送れるか送れないか。急げ急げ後生の一大事。だからうかうかゲートボールばかりもしていられません。本当ですよ。まあゲートボールも結構ですが、やはり暇をつくって一大事仏法を聴聞して下さいとお願いします。

淤泥華　泥における華＝蓮の葉を表した瑞林寺中庭

三、地獄の仏様

善信聖人伝絵（入西鑑察の段）

「頭が下がりません」という泥だらけのおばあちゃん。実は、これがありがたいということをお話しました。ところで皆さん方はどうですか。「年取ると駄目ですね。何十年聴聞させてもらっても、なかなか喜ばれなくて駄目ですね」「役立たずで、体がきかなくて駄目ですね。仕事ができなくなって駄目ですね」と「駄目」ということばが口癖になっていませんか。それでもまだ上等なんです。きょうもちゃんとお参りできるのですから。

もうじき畳一枚。どうせ逝くならポックリ逝きたいものですね。しかし、そうは問屋が卸しません。こう言っている私も皆さんより早いかもしれません。

老少不定でございますからね。でも出てくる言葉は「駄目で困ります」これを一日何回ぐらいくり返しますか。駄目というのは実は「凡夫《ぼんぶ》」ということなんですよ。凡夫というのは、如来様が私たちを見とおされて「凡夫」とおっしゃるんです。如来様の心は一番駄目な者が心配で、一番可愛いくてならないのです。「役立たずで、いらん爺、婆で、若い者と話も合わないし、情けないことでございます」といいますが、しかし如来様という親の眼からみれば、駄目ですと口説いている人ほど泥だらけの人であり、一番手が掛かって愛《いと》しく、いつも心配で心配でならない我が子なのです。おばあちゃん駄目でよかったですね、如来様に一番気にかけられているんですから。この意味わかりますか。ところが「駄目な奴で如来様のお慈悲がありがたいことです」と、如来様のお慈悲へ真正面に向かうのでなく、反対に「駄目で困ります」といって逃げてしまうのです。如来様の親心、ご心配の心から逃げて、「駄目です」というお同行が大部分ではないでしょうか。今、ありがたい如来様のお慈悲のど真ん中にいながら、如来様が一番ご心痛して下さるにも関わらず、「困ります」と逃げ出している。これではお説教の聞き方が全然逆なのです。

この駄目な私、泥だらけで能無しで、役立たずで、いらん年寄りとなったということは、親からみれば一番切ない、心のかかる我が子なのでしょう。だからこそ起こして下さった如来様のお慈悲なのです。お慈悲のど真ん中に立ちながら、なぜ逃げるのでしょう。それは駄目と思いたくない、なんとか努力すればもっといい自分になれると思い込んでいるからなんです。それは思い上がりというものなのです。それでは皆んな落ちていくばっかりじゃないですか。「困ります」と口説いても愚痴でしょう。だからこそ如来様の方から見れば「お前よ、お前よ、愚痴っているお前よ」とお慈悲をかけて心配して下さっているのでしょう。にもかかわらず、どこまでも「困りました、何回聞かさせてもらっても喜べない。お寺参りをすれば眠くなるだけ、ありがたみは何もない。困りました。家へ帰ればいらん年寄りでございます」と逃げて、口説いている。行き場がない。お寺へ参っても喜べないし、家へ帰っても邪魔な爺・婆。どうしましょう。ちょっとはっきり言い過ぎたでしょうか。三界《さんがい》に家なしとは、こういうのを言うのでしょう。

真宗の教えに悪人正客ということばがあります。如来様は、立派な善人より能無しで、愚痴ばかりの悪人をわが正客とするという意味です。阿弥陀如来様の真正面、ど真ん中に座っておるのに、それを「困ります」と逃げている。勿体《もったい》ないですね。この私はどうにも駄目と思うそれは分かりますよ。「役立たずよ、能無しよ、駄目な奴だからこそ、この親は見放すわけにはいかない、手をかけずにはおれないのだ」というところに、私へのお慈悲があるのです。ありがたいですね。世間は私を相手にしなくなりますけれども、如来様は「お前こそが一番胸の痛む目当てである」と、そういうことです。

もしこの如来様の親心に遇《あ》わなかったならば、「いらん年寄りで、能無しで、愚痴ばっかりで一生を終わってしまって、死にたいけれども死ねないし、生きていても生きられない」こう言って口説いて終わるのが私たちの一生。如来様のお慈悲に遇わなければ、そうやって死んでいくほかないのが、きょうの姿、あしたの姿でしょう。いくら趣味の盆栽があっても、松の木が私の後生を助けたなんて聞いたことがありません。たしかに趣味は大切ですよ。温泉にも行きなさい。ゲートボールもやりなさい。けれども一大事とは何か。これをはっきりしておかなければいけません。一大事とは一番大事なこと。「後生《ごしょう》の一大事を心にかける」これがはっきりしないのです。皆大事なんだと思っています。一番大事なことをしっかり押えて、そしていろんな趣味を豊かに楽しんで下さい。一本筋が通っていないとどうしようもありません。あれもこれもではね……。これが一番大事なんだということを知らないと、人生みんな失格です。一番目と二番目、三番目をはっきりしないと、何のために長生きしたのか分かりません。いくら世界はこうなっている、政治は、経済はこうなっていると言ったところで、一番大事なことはこれですよ、ピシッと決めて下さい。

話を元へ戻しますが、「下がりません」ということから、「下がる世界」が与えられる。その一番元になるのは泥、煩悩ですね。百八の煩悩と言いますが、この煩悩だけは生きている間に捨てられますか。先生はケンカしなさいと教えましたか。親は愚痴を言えと教えましたか。誰も教えていないのに愚痴もでますし腹も立ちますね。不思議なことです、この身を持っていることで愚痴が出るんです。若い人は「年を取ったら、少しは欲も減ったらよさそうなのに」と言うけれど、そういうわけにはいきませんね。業を抱いたまま死ぬのが人間です。年を取れば死に欲がたまってきます。煩悩は減りません。長生きした人の業はなおさら大きくなります。体は小さく半分にもなるけれども、長生きした分だけ業は大きくなっているのです。一年長生きしてごらんなさい。どんな業を作りますか。夢の中まで妄念妄想を浮かべて、眠れなければなおさらです。二時になった、三時になった、まだ眠れない。その時に何を考えますか。いいことなんか何も浮かばないでしょう。そうやって業を作っているのです。大きくなった業は重いから川底に沈むに決まっています。重い石のように下に沈むのです。

そこで阿弥陀如来様は、お浄土に居っても間に合わない。みんなここにいる、お同行、ドボドボ地獄の底へ沈んでしまう。天上と地獄。皆さんは阿弥陀如来様は、仏様は天上におられると思うでしょう。だから皆さんは聴聞《ちょうもん》して天上へ上がって行こうと思っているでしょうけれども、それは駄目です。いくら必死にもがいても最後になったらドーンと地の底に落ちることになるのです。如来様はそれをすでに見透されております。皆さんは一生懸命這《は》いずり上がった天をお浄土だと思うかもしれないけれども、それは大間違いです。親鸞聖人は「化土《けど》の往生」といって「偽りの世界への往生」と教えられます。

皆さんは天を浄土だと思っているでしょう。これは浄土真宗ではないのです。自分の努力で天上へ這いずり上がって行けるのだったら、如来様のお慈悲は必要ありません。進んではストン、上がってはストン。ああこの落ちるものを見ていられない。そうすれば如来様は高い所、天国にいるわけにはいきませんね。このものを救うには、この落ちたものの世界に降りて行かなければなりません。ここは地獄。阿弥陀如来様はお浄土の仏様ではなく地獄の仏様。上の方から、天国におって来い来いと言っても、凡夫はみんな途中で力尽きてストンと地の底に沈んでしまうので如来様は仕様がなく、たとえ火の中で、たとえ業火《ごうか》に焼かれ、どのように身をこがそうとも、水の底におぼれ死んでも、お前一人を助けずにはおかないと、我が子のためには、苦労を惜しまず地獄の底に身を投じて下さるのです。しっかり私を抱き取って下さるこの如来様の大悲の胸の中が実はお浄土なのです。ですから如来様は地獄に身をおいて傷だらけになって、火傷《やけど》を負いながらも、われわれ一人ひとりを何としても見放すわけにはいかないと、我が愛の胸の中へ摂《おさ》め取らんとする。その大悲の愛に摂め取られた世界がお浄土です。

だから弥陀をたのめと。雑行雑修《ぞうぎょうざっしゅ》自力の心を捨てて、弥陀をたのめよと。

雑行雑修《ぞうぎょうざっしゅ》とは、何とか自分の力で這いずり上がって天国に行きたいと頑張ることです。けれども力尽きて川底に泥だらけになってもがき苦しむ凡夫を見透して下さって、雑行雑修自力の心をふり捨てて、弥陀をたのめとおっしゃる。皆さんはどうしてもお浄土は天上にある、天国にあると思われるでしょう。聞いていけば良くなる、立派になる。少しは向上する。ところが聞いても聞いても喜べないのです。聞いても聞いても愚痴ばかり。まだ足りないまだ足りないと愚痴がつづくのです。そして残るのは「駄目な奴」ということばです。よく死ぬまで聞かせてもらいましょうと言うけれども、死ぬまで聞いても駄目な奴です。その駄目な奴をすでに見透しておられるのが如来様のお慈悲の眼なのです。ここをどうか間違わないで下さい。親鸞聖人はそういうふうに天国に生まれようとするのを「化土往生《けどおうじょう》」といい、そのため一生懸命になって頑張るのを「雑行雑修自力の心」とお示し下さいましたね。その自力の心をふり捨てて弥陀をたのめよ。弥陀は地獄の底で極重悪人の私をしっかり抱き取って下さいます。それが阿弥陀如来様のご苦労です。

（お日中法話）

四、親　不　孝

お日中の布教では、帰命・南無の心ということは、「下がる世界」ということを、如来様の光に照らされ、下がらぬまま下がる世界が自ずと、自然に与えられるということをお話しました。次に人間は助かざるものであると、荒っぽい言い方をしましたが、人間みな業によって落ちるけれども、その落ちる者を見透して地獄の底から私たち一人ひとりを、落とすわけにはいかないと引き受けて下さるお慈悲の如来様を、ご開山親鸞聖人から私たちは賜ったのでございますね。私どもはい

のちの親を賜ったのです。無量寿如来様とはいのちの仏様。いのちというのはお慈悲を表しています。私たちの業《ごう》が深く、いのちに限りあるものを、どこまでもしっかりと抱き取り、受け止めて下さるお慈悲の心を無量寿如来様と申し上げます。だからいのちの親、如来様はお慈悲のかたまりです。真っ逆さまに落ちるものを、どのようなものであっても、それこそ愚図で駄目で能無しで何もできませんと沈む私を、我がひとり子と抱き取って下さるお慈悲を無量寿如来様と申し上げます。

先に申しましたように、どうしても私たちは聞いて喜べるようになろう、聞いて角《つの》を抜いていこう、聞いて業が少しは減らして喜べるようになろうと励むのですが、こう思うようなことは雑行雑修《ぞうぎょうざっしゅ》、自力の心でございますね。聞かせてもらえばもらうだけ下がらぬ私でございましたと、頭の下がるそのまま、その私たちをしっかりと抱き取って下さる如来様のお慈悲、ご恩とをいただかさせてもらうのが念仏の信心でございます。

私は仏法の分からない人、お念仏の分からない人に話すときに、いつも「人間」という字をとおしてお話をいたします。「人」というものは、自分一人だけでは生きていけない。一本足では立っていられない。どうしても支えがないと生きていけませんね。転んでしまいます。赤ちゃんがいればお母さんがいる。子供がいれば親がいる。妻がいれば夫がいる。

年寄りになっても息子夫婦がいる。こういう場合は安定していますね。皆さんの中で一人暮らしの人はいますか。一人暮らしだと寂しいですね。次に「間」という字があります。私がいます、妻がいます、親がいます、子供がいます、友達がいます、そういう間の中に私は生きていますね。そうでしょう。その中に皆さんどんな空気が流れていますか、暖かい空気ですか、冷い空気ですか。ケンカばかりしていませんか。仲がいいですか。間柄でもいろいろありますね。これが人生模様ですね。その意味で間という字は「社会」ということをあらわします。

しかし人間というものは、生まれる時も一人、逝く時も一人。お経さまには「独来独去《どくらいどっきょ》」と教えられています。こればかりは誰でも平等ですね。どんなに偉い人も、我々凡夫、男も女も皆同じですね。金があろうと無かろうと、これだけは確かです、間違いありません。

人間は生まれる時、独り来れる。これについてあちこちお話に参りましたときおたずねすることがあります。「お母さんと赤ちゃんは、あなたはどちらが先に生まれたと思いますか」と。ちょっとこれは引っ掛かりますよね。お母さんが先かなあ？　実は、同時なんですね。一緒です。赤ちゃんが生まれた時、お母さんの誕生があるでしょう。いくら年を取っても赤ちゃんがいなければ、お母さんにはなれないですね。だから赤ちゃんが生まれたということは、お母さんが生まれたということです。お母さんになったということは、赤ちゃんが出来たということ。親子は同時に誕生したということですね。赤ちゃんは母乳を吸うことしか知りません、泣くことしか知りません、うんちすることしか知らないけれども、お母さんにしっかり抱きかかえられて、支えられて、すくすく育つわけでしょう。もしもお母さんがいなかったら赤ちゃんは生きていけませんね。生まれた時は一人なんだけれども、そこにはお母さんがちゃんとついています。

そうして次第に大きくなりお嫁さんをもらい、孫ができましたら、おばあちゃんになります。七十年、八十年過ぎていくと、また一人になりますね。一本足のかかし、支え無しです。八十歳のおばあちゃん、あなたに親はいますか。おじいちゃん、親がおられますか。八十、九十になっても親がいない人は孤児です。八十歳の孤児《みなしご》です。だけども実は親はおいでになるんですよ。私たちには如来様という親がね。ところが、どうですか。如来様という親を先祖代々門徒としていただいてきたわけですけれども、親の心が分かりますか。この本堂に私たちのご本尊様阿弥陀如来がいらっしゃる、皆さんのご家庭にはお仏壇があって、その中に如来様という親様がいらっしゃる。その親様をいただいていますか。どうですか、ご門徒の方々。親不孝ばっかりしていませんか。親がいても、親の心子知らずでは哀れなものです。いらっしゃるでしょう、如来様という親様が。だからみなさん朝晩お参りしているのでしょう。何のために手を合わせているのですか。形ばかり手を合わせて、仏様は大事だ大事だと口では言っているかも知れませんが、如来様の心をちゃんといただいていますか。あなた方一人ひとり、みんな一人ぼっちなんです。だからどんなことがあってもこの親は、「お前を守らずにはおれない」という、ありがたいことにこの親様をすでにもらってきたのです。そして手を合わせてお参りしている、お給仕もしている、お勤めもしている、でも形ばっかり。困ったものですねえ。この親をいただいてきているにもかかわらず、勿体ないことでございます。親不孝ですね。何が、自分の子供の親不孝なんていうものじゃない。自分たちが皆如来様のご恩を忘れて形ばかりになってしまっている。困りましたねえ。

誰のためにお仏壇にお金をかけてきれいにしたのですか。お敬いの心から、私にとっていのちの親様だからこそ、お給仕申し上げ、お敬い申し上げて、勿体ないことでございますといただいてきたのでしょう。その親様を今日ここに授けて下さったのが、ご開山親鸞聖人です。その親鸞聖人のご苦労をしのんで、皆さんはこの報恩講にお参り下さったのでしょう。報恩講だから参ったというのでは形ばっかりでしょう。心が分からなくて毎日仏壇にお参りしていて、よくまあ続けてこれましたね。それもまあ先祖のお陰でしょう。心が分からなくても守ってきただけ感心です。だから若い者が逆に、何がお念仏だ、仏様なんて意味が分からないという報いが必ず私たちに来るんですよ。心が分からなくて形ばかり守っている爺・婆になってしまったら、先祖の遺徳で守ってきたけれども意味が分からなかったら、それらを堕落といいます。そうすれば必ず若い者は抵抗します。お仏壇を買う時、「そんなものに金をかけるぐらいだったら、台所を直した方がいい」といわれ、爺ちゃんはこっそり自分のへそくりを出して買ったという話を聞きます。それでは家族皆のお仏壇にはなりません。それが現代社会の姿でしょう。さあ皆さん、責任重大ですよ。心をいただかないことにはね。私たちの幼い頃は三百六十五日、如来様にお参りをしなければご飯を食べさせてもらえませんでした。それでも親の心が分かりません。大変なことですよ。赤ちゃんにすればお母さん、八十歳の子にして、この親がある。親持ちは幸せですね。赤ちゃんがあっちへ転ぼうと、こっちへ転ぼうと、しっかり支えて下さる親があればこそ、子供は育ったのでしょう。どちらへ転ぼうとお任せできる親をみなさんお持ちですか。本当の幸せということは、いのちの親、如来様を持ったということです。私は世界一の幸せものですとね。

あなた方が長生きしているのは何のために長生きしているのですか。ただ死にたくないために長生きしているのですか。どんな動物も死にたくないですね。何のために長生きさせてもらっているのでしょう。意味が分からない者は、犬・畜生と同じでしょう。皆さんが、健康に心をくだき、一生懸命お医者さんに通い、長生きしたいと頑張っているのは、実は如来様という親様に遇うためなのです。これを忘れないで下さい。親に遇うには、どうしてもお前死んでは困る、長生きして「この親に遇ってくれよ」ということで長生きさせてもらっているのです。しかも先祖代々私たち門徒は、如来様という親様をいただいているんです。その心を分かってくださいと、毎日毎日、朝から晩まで願いを込めて南無阿弥陀仏と、如来様の方が「我が子よ我が子よ」とお呼びになっておられるんです。

仏教では苦悩の世界を地獄と申します。地獄はあるとかないとかという論理ではありません。その地獄でも、もっとも苦しい地獄を「無間地獄《むけんじごく》」と教えられてあります。無間とは、間がない状態、間という字はケンと読みます。間がないということは、ホッとする間がない、つまり四六時中苦しいということ。息をする暇がないほど苦しい、連続的苦悩の世界です。そういう一番苦しい地獄を無間地獄と言います。その地獄をお釈迦様は「孤独にして、同伴するものなし」と説き明かしてくだされてあります。

たった一人ぼっちで、一緒に歩んでくれる人がいない。この福井県の大野は雪深い所でございます。猛吹雪になり、道か田圃《たんぼ》か分からない。その中に捨てられた猫のようなもの。もう冬も近くなります。西も東も方角が分からない。その実感は私も新潟だから分かります。呼べども返事もない。どっちへ行ってよいか分からない。無間地獄というのは、孤独で同伴するものがないこと。だから同伴して下さる親、あなた方お持ちですか。いただいていますか。親様に遇わない人は無間地獄ですよ。さあ決まった。お参りの方でも親をお持ちの方は大丈夫。地獄の底へ落ちても、如来様はいつも一緒です。親を持っていない人は一人ぽっちで無間地獄へ真っ逆さま。いくらお経をあげてもらっても駄目。大事なのは如来様という親様を持っているかどうかです。ちゃんと親をお持ちじゃないですか、生まれたときからお念仏の家庭で育った方々は。皆お念仏をいただいています。お給仕もお参りもしています。お仏壇にちゃんと如来様がいらっしゃる。だがその心をいただいているでしょうか。実はその如来様という親に遇うために今日はお参りしたんでしょう。たとえ義理参りであろうと何であろうと、形はどうあろうとも、自分では分からないでしょうが、本当は親を求めてお参りになっているんですよ。その親、如来様のお心にふれ、その親心を私たちに教えて下された方こそ私たちのご開山さま、親鸞聖人です。だからご開山さまの報恩講を大切につとめてきたんですよね。

新潟では、昔から阿弥陀如来様のことを「お宝さま」と言います。宝とは一番大事なもののことを言うんでしょう。皆さんは何が大事ですか。いのちが大事、お金が大事、健康が大事、子供が大事、いろいろありますね。越後の門徒の人は、阿弥陀如来様のことをお宝さまと呼びます、自分にとって一番大事だからお宝さまです。このいい方は生活の実感の中から生まれてきたことばです。如来様はいのちにとって一番大事な宝と伝えられてきました。人間にとっ

雪の堂宇（瑞林寺）

て本当に宝なんだ、唯一無二のものなんだ。お恥ずかしい話でありますが、新潟でも現在そういう心がまったく分からなくなってきているのです。そういう実情の中で、皆さんはどうか親をお持ちになって下さい。いただいてきているんです。心が分かればいいんです。各家庭には如来様がおいでになるでしょう。それは口で言ってしまえば絵に描いた仏様、それきりの話かも知れないけれど、大切なのはそのお心です。南無阿弥陀仏となってくださる如来様のお心をいただく。そのお心をいただくのには聴聞《ちょうもん》、聞法《もんぼう》ということでございますね。どうか法座のご縁を重ねていただきたいと思います。

善信聖人親鸞伝絵（稲田草庵の段）

五、アイ・ラブ・ユー

南無阿弥陀仏とはどういうことでしょうか。私はなんにもわからない人に南無阿弥陀仏とはアイ・ラブ・ユーということだといつもお話します。「私はお前が好きでならん」ということです。「私は」とは、この場合、親様・如来様のこと。「お前が」とは、私たち凡夫のことをさしています。親はお前が愛しくてならん、アイ・ラブ・ユー、分かったでしょう、簡単でしょう。愛しい子よ、我がひとり子よ、どんなことがあってもお前を見放すわけにはいかない。しっかり抱きしめたいというお慈悲ですね。ですから如来様の、私たち一人ひとりに対して「親が子を思う一念」が南無阿弥陀仏なのです。皆さんの方から、「どうか何とかしてくれナンマンダブツ」ではないのです。親が子を思う一念が南無阿弥陀仏なのです。苦しい時の刹那念仏。これをナンマンダブツだと思うのは間違いです。これを自力の念仏といいます。親様は、皆一人ぼっちで泥だらけの凡夫で、泥の中に沈み泣くばかりの私たちを見放すわけにはいかない、私たちの行く末々を見とおして下さって立てられたのが如来様のお慈悲でございましょう。心配でならない、お前よ、お前よのお呼び声。けれどもいくら如来様が自ら思っておられても、みんなの一人ひとりの心に如来様のお気持ちが通じなければ、片思いになってしまいますね。例えば、好きな人がいたとしても、いくら思っていても「お前が好きだ。愛しているよ一緒になってくれ」と口に出して伝えなければ、気持ちがあっても伝わりませんね。如来様は、お前が好きでならんという気持ちを表さなければならないから、お前よとわが子を思う気持ちを「ことば」で表して下さった。片思いでいられないから、切なる思いを伝えようとされた。それが南無阿弥陀仏と現れいでたんです。南無阿弥陀仏は如来の愛の表現です。愛のメッセージです。

「お前が好きで好きでならない」という胸の中を打ち明けられたお言葉が南無阿弥陀仏となったのです。だから南無阿弥陀仏は呪文ではありません。如来様のまごころ、子を思う一念全部を六字の中に詰めて、南無阿弥陀仏と受け取ってくれ、聞いてくれ、頼むぞと打ち明けて下さった。それを「はい」「ありがとう」といただいた私たちの姿が「お念仏申す」ということなのです。それは南無阿弥陀仏と呼ばれて、南無阿弥陀仏とお念仏申す姿です。南無阿弥陀仏と如来様の切々たるお慈悲を聞いて、「ありがとうございます。南無阿弥陀仏」と私たちがお念仏の日暮らしをすること、この親が思う一念を、子供が受け取らないなら親不孝者でしょう。親不孝者は勝手に落ちて行くほかありません。

私が忘れていても、寝ぼけていても、無我夢中で働いていても、ケンカして腹を立てていても、如来様の方は四六時中思い詰めでございますね。それをこちらの方は「ああそうだった。忘れておりました。南無阿弥陀仏」と如来様のお慈悲の心に立ち帰ってお念仏申させてもらう。親様のお慈悲が届いた姿がそのまま念仏申すということです。こういうことが私たち浄土真宗のお念仏でしょう。それをいつの間にか親様のお慈悲を忘れて、ただナンマンダブツ・ナンマンダブツと口で唱えさえすればいいと思い、苦しまぎれに唱えている。

この前、ご門徒へ行きましたら癌《がん》のおばあちゃんが少し良くなって退院して家へ戻っていました。中休み、中治りというのがありますね。「お念仏しか出ません。でもお念仏申すのはありがたいんだけれども、お念仏のお心が分かったらなあと思います」としみじみ言われました。親様の気持ち、これぱっかりは死ぬ時になって聞いても間に合わないのです。だから若い時から仏法をたしなんでいてください、といってます。真宗の伝統として、私の地方では「ご相続」ということがありました。今は残念なことにほとんど消え去りましたが、病気が悪化し、もう駄目だと覚悟をすると、お寺のご住職のところへ「おばあちゃんにご相続をお願いします」と家族のものが呼びに来ます。枕元へ行きますと、おばあちゃん泣きながら胸の切ないところを訴えられる。先が真っ暗の不安と苦しみです。するとどうしても、住職はお答えせねばならないところに立たされるのです。元気な時はお参りして、喜びの気持ちはあったけれども、いざ土壇場になったら、みなお念仏の喜び心が吹き飛んでしまって、後は不安と苦しみだけが残ってしまう。「ご相続」ということは私の学生時代でもまだありました。大学に行っていた頃に私もある門徒のお宅に呼ばれたことがありましたが、あの時は本当に切なかったですね。学校で勉強してきても、安心信心のこととなると……。今息を引き取るかどうかという時に、おじいちゃん、おばあちゃんに泣かれて手を握られて、不安を訴えられると、私は袈裟をかけているのだから答えなければなりません。お前は大学まで行って仏法を学んで、信心いただいているか、お前は救われているのかと、まるで首に刃ものをあてられる恐ろしさです。こうやって話をしている時は皆さんも達者、私も元気ですからまだゆとりがあります。今日とも知らず、明日とも知らずの所へ立たされて、今泣いて先が真っ暗でございますと手を握られる時に、何と答えるでしょう。私に信心があるかないのかの問題、私自身が助かっているかいないかの問題でしょう。いや本当に怖いものですね。偽物なのか、本物なのか、どの程度のものか、試されるのです。私はそれによって育てられました。何かものを言わなければなりません。知らんふりして帰るわけにはいかないでしょう。葬式出すだけがお坊さんじゃないんです。お経が上手だとか、下手だとかで片付けないで下さい。皆さんはよくいい声だとか、悪い声だとかばかりいわれますが……。私の後生《ごしょう》の一大事を本当に導いて下さる善知識、それが住職の住職たるゆえんということでしょう。

私の後生《ごしょう》の一大事が問題なんです。私たちはすでに宝もいただいている、如来様という親様ももらっているんです。今日はおばあちゃんの日、今日はおじいちゃんの日だとお仏壇へお参りしているけれども、そうじゃない。先祖崇拝じゃないんだ。如来様は私のいのちの親様、私の妻のいのちの親様、両親のいのちの親様、我が子供のいのちの親様、みんな一人ひとりのいのちの親様でしょう。それが如来様でしょう。そうでなかったら阿弥陀様を安置しないで、位牌《いはい》だけを祀《まつ》っておけば良いんですよ。他宗のお寺へ行きますと位牌堂があります。たくさんの位牌を祀ってあります。それなら如来様はいらないでしょう。私たち門徒は位牌は祀りません。弥陀一仏をたのめと。衆生一人ひとりのいのちの親様が如来様でしょう。その意味をどうか忘れないでください。ややもするとだんだん如来様のお慈悲のことは分からなくなってきて、誰々の命日だけに終わってしまっている。そういうご縁を通して一人ひとり親様のお慈悲の深さにふれるのはいいけれども、肝心な如来様を忘れて、誰々の命日だ、ナンマンダブツととなえるだけなら先祖崇拝です。私たちのお念仏は先祖崇拝ではありません。先祖をご縁として大きなお慈悲の親様・如来様にふれさせてもらうのが、私たち真宗門徒なのです。ここを間違わないで下さい。

それで南無阿弥陀仏はアイ・ラブ・ユーであると申しましたが、私の胸の中で精一杯叫び続けておいでになる如来様が「南無阿弥陀仏、南無阿弥陀仏、我が子よ我が子よ、どうかこの親の一念の思い、受け止めてくれ」と願っても、親の心子知らずでどんなに逃げるだけ、それでもあきらめることのない親心。この世でお前に遇えなければ、いく世かかっても、親はお前を救わずにはおれないと誓いが、如来のお慈悲でございますね。如来様のお慈悲心の南無阿弥陀仏だから「他力」の念仏と申します。他力の「他」というのは如来様の力だから他力というのです。他人という意味じゃないんですよ。親様お慈悲の力で生まれてきた南無阿弥陀仏様です。皆さんは親様に遇うために長生きさせてもらっているんです。いつになったらお迎えが来るんだろうなあなどと言っていないで、如来様のお慈悲のご恩が分かるように長生きさせてもらっているんだということを承知していただきたいと思います。

（お逮夜《たいや》法話）

六、私のものさし

聖人伝絵（廟堂創立の段）

「正信偈」について、お日中の席には南無・帰命の心をお話し申しました。次にお逮夜《たいや》では無量寿如来様について、如来様はお慈悲の心・親心であると申しました。今晩のお初夜は、つづいて南無不可思議光とあります。この「光」ということでお話し申し上げたいと思います。

阿弥陀仏は光明なりということですね。あらゆる宗教というものは、みな光ということを説きます。光は「闇」ということに対してその意味を持つわけです。

ご和讃に、

「無明《むみょう》の黒暗　照らすなり」

とありますね。闇とは、私たちの「この胸の中」を顕します。私は目が二つあります。まだ足りないのでメガネをかけてまで人の欠点、あらを探しておりますが……。目というものは、必ず外を向いておりります。私たちの目というものは、必ず人を、外を見るようにできています。だから自分の胸の中というものは、一番遠いのでございます。無明とは、明るさが無いことです。仏教では光ということを「智恵」と申します。ご和讃にも、

「智恵の光明はかりなし」

とありますね。智恵というのは、外へ向かっている目が、仏様の光に照らされて、自分自身というものに、我が身の姿というものに向いてくることです。見させていただくということです。ところが私もそうですが、生まれながらにして外を見るようにできていますから、内に向けるということはなかなか難しいことなのですね。

人間というものは、人のあら探しをするのが大好きでございます。昔の落語にも長屋のおかみさん、朝から晩まで茶飲み話にうつつをぬかし向こう三軒両隣の噂話の末に「前のおかみさん遊んでばっかりいないで、たまには破れ障子ぐらいふさいだらどうなんだ」と

自分の家の破れ障子の穴から前の家をのぞいて悪口をいっておったと、よその破れ障子が気になって仕方がない。けれども自分の破れ障子には気づかない。本当に人間というものは、人を批評するのが大好きでございます。

ある保育園のお母さん方へのお話の機会のときにこんな質問をしたことがあります。

「お母さん、毎日うちの子は、良い子だとか、悪い子だとかいうのが口ぐせなんだけども、一体どういうものさしでお話をしておられますか。良い悪いと言っているからには、何か善し悪しのものさしがあるのでしょう。どんなものさしをお持ちですか」そうしたら、五十人もおられるお母さん方、分からないんです。皆さんも毎日そうでしょう、今日は良い天気でございますの挨拶から始まって、あの人は、この人は……と私たちの日暮らしは、朝から晩まで善し悪しの日暮らしです。今日のお斎《とき》のご馳走はうまかったとか、まずかったとか。今日の布教使さんのご法話は上手だとか、下手だとか。帰ったら必ず言いますよね。もう少しああだったら良かったのにと、必ず私のことを批評しておりますよ。お参りした時、どんなものさしで批評しているのですか。お母さん方は自分の子供に対する善し悪しのものさしが「分からない」と言っているのです。でも善し悪しを言うからには必ずものさしがあるはずでしょう。

毎日どんな暮らしをしていますか。この品物は値段の割に高くて悪い、この品物は安くてよかった。あそこの嫁さんは良い、うちの嫁は悪い。あそこのお母さんは良い、こっちの母さんは悪い。これが日暮らしでしょう。どんなものさしですか。あるはずです。判断なしに、パッパパッパッと善し悪しを言う。あなたのものさしはメートルですか。矩尺《かねじゃく》ですか。鯨尺《くじらじゃく》ですか。お年寄りは鯨尺ですね。困りますね。尺とメートルを合わせようと思っても大変です。なかなか10を三・三で割り切れない。若い者のものさしでいこうか、お年寄りのものさしでいこうか。どっちが勝つか分かりますか。財布を持った方が勝ち。皆さんの家庭はそうでしょう。食うか食われるか大変です。けれど、どんなものさしで私たちが毎日生活しているのか分からない。無明の黒暗とは、こういうことですね。そして毎日、良い悪いと言っているのは、自分自身なのです。

あるところに、自慢の息子がいました。学校の成績は優秀でした。中学校を出て高校へ行き、親は一生懸命、やせる思いで有名大学を出しました。そして一流企業へ就職し、お嫁さんをもらいました。でも家へ帰ってきません。すると今度は悪い子です。頭の良い子が良いことにはなりませんね。自慢している時は鼻高々で良い子。でも家へ帰って来なくなると、長男はあまり頭が良くない方がいいなどといいます。その時その時の親の都合勝手というものさしを使っているんですね。自分にとって都合の良いのは良い、都合の悪いのは悪い、これだけです。だからその時その時によって、みんなものさしが変わるのです。都合という「ものさし」をお持ちなのです。違いますか。私もそうです。人を良い人にしてみたり、悪い人にしてみたり、私の都合というものさしで生活をしております。その時その時で変わります。しかもそれさえも分からないままで、日暮らしをしているのではないでしょうか。ですから、このようなあり方を日本人一億総評論家であるなどと評した評論家がおりましたね。本当に人を裁くことが大好きなのが人間なのです。

私はよくいいます。「婦人会など会合があったら、休んだら駄目ですよ」なぜなら、欠席した人は必ず何か言われているからです。出ておれば言われませんよね。ですから人に言われたくなかったら出なさいとね。人間の集まりはそういうふうになりがちです。世間というのは本当に裁判官で一杯です。批評・評論・裁き。毎日「あの人は、この人は、あなのよ、こうなのよ」口はお念仏申すためにあるものだと教えられてきたけれども、口は人の善し悪しを言うものになりがちなのが、人間の悲しき性《さが》でございますね。知らぬまに評論家になってみたり、人のことを善し悪しと裁く裁判官になってみたり。あまり人を裁いてばかりいるから、無明の闇、本当に自分というものには暗いんです。閻魔大王さまに裁かれますよね。

よく教えとは、鏡だといわれます。鏡を持たないと、しわが寄ったのも分からないし、顔が汚れているのも分からない。鏡がなければ、自分では見えない。教えという鏡に照らされて初めて私が分かるのでしょう。光が、如来様の光が、私を照らし出して下さいます。だから教えに遇わなければ自分が分かりません。人間はどこまでも自分を善しとしたいんです。世界中で一番可愛いのはなんとしても自分でございます。どんな事をしてでも自分を善しとしたい。これが人間の本能なのです。

世間は本当のことばかり言うと、あまりよくない人間に思われます。世間を生きていくにはなるたけ本当のことは言わない方が良いようですね。「おばあちゃん、お年にしてはお若いですね。お元気そうですね」と言われれば悪い気はしませんね。特に商売をしている人は、そうですね。お客様を褒めなければいけません。そうしなければ固い財布を開いてくれません。前に○○商法などというものにだまされたお年寄りがいっぱいおりました。余談になりましたが、光ということは、私たち一人ひとりを照らして下さる光であり、如来様の光はレントゲンよりもっと厳しいものです。病院のレントゲンには臓物は映りますけれども根性までは映りません。しかし、如来様のレントゲンは根性まで映しだして下さ

聖人伝絵（稲田草庵の段）

る。はらわたの底の底までね。だからそういう意味では本当はみな如来様は大嫌いなんです。本当は嫌いウソは好きが人間なんです。私の近所の九十二、三歳まで長生きされたおばあちゃんが、七十、八十のおばあちゃんに向って「私みたいにあんまり長生きするものでないわ。長生きしたら大変なだけ。お前さんたちの年がちょうど死に頃だったわい」と口ぐせなんです。すると、七十、八十のお婆さんたちが「あの人がくるといやだ、大嫌いだ」と煙たがっておりましたが実感でしょう。九十歳を過ぎて身もよたよたして暮らしていますとね。でも世間はあまり本当の事を言うものじゃないようですね。

七、未来からの光

もう一つ、光が闇を照らすということは過去を照らすということです。悔いのない人生ということは過去が明るいということです。

昔から幽霊というものには、男はあまりいなくて、どういうわけか女なんです。昔の幽霊には足があったそうです。いつから無くなったかといいますと、円山応挙の画いた絵からだそうです。それまでは足はあったのだそうです。幽霊の言葉というのをみなさん知っていますか。「恨めしや」ですよね、これはどういうことかと言うと、人生七十年、八十年生きたけれども、結局喜びがない、満足がない、恨めしい人生だったということでしょう。今日お参りしている人の中でも幽霊の候補者が半分ぐらいはおられるのではないでしょうか。過去が暗く助かっていないという意味です。でも「ありがたかったわ」「お陰様でこうやって今日ここまで日暮らしさせてもらってありがたかったよ」と過去を拝める人は幽霊にはならないですみますが「長生きしたけれども、恨めしい人生だった」と悔《くい》だらけで喜びがないならいうことが「恨めしや」となるわけですから。

仏教は三世《さんぜ》の救いを説きます。三世とは過去・現在・未来のことで、この三つが救われるということが、仏教の救いです。過去を拝める、未来が明るい、そういう現在ですね。皆さん、未来が明るいですか。先は大丈夫ですか。

私の学生時代、一緒に下宿した友人で優秀な学生でしたが、彼がノイローゼになったことがありました。現在は本も何冊も出版され、ＮＨＫの宗教の時間などにもお話に出ておられる立派なご住職です。私は京都の大学へ夏休みを終えて帰る途中、彼の寺へ見舞いに行き一晩泊まりました。その時、自宅に静養して彼はいろんな本を読んでいましたが、ふとその中の一冊を手に取って見ますと、赤線が引いてある箇所がありました。今から三十年ほど前のことですが、今もその一節が忘れられません。どういうところに線が引いてあったかというと、

「真っ暗なトンネルの中を、行けども行けども明るみが無い。もしも前方に光が見えてこなければその人は自殺をします。もし先の方に光が見えてくれれば、その人は助かります」

とありました。彼のその時の心境というのは、先に光が見えてこない、真っ暗闇のトンネルの中でもがき苦しんでおったのですね。それから彼はいろいろ苦労がありましたけれ

ども、真剣な求道とよき師と出会いのご縁がありましてすばらしいお坊さんになられて私も教えをいただいております。

ですから光というものは、先から、未来から来るもの、未来から足元を照らしてくれるものなのですね。先に光のない人は闇の中です。闇の世界を地獄といいます。昔の人は、後生は大丈夫かと言いました。皆さんは先が明るいですか、大丈夫ですか。「如来は光明なり」といいます。光というものは足元を照らすだけではなくて、過去までズーッと照らして下さいます。三世を照らす光でございます。この光に遇わなければ、人間は救われません。明日が真っ暗だということは、今日が真っ暗ということですよ。明日手形が落ちる、金が無い、どうする、どうしよう、明日の暗さは今日の暗さです。子供の遠足、明日遠足うれしいわ。遠足は明日なんだけれども、今晩からうれしい。明日の明るさは、今日の明るさです。今日は暗いけれど、明日は明るくなるというのではないんです。今日と明日は連続しているのです。ですから明日が明るいということは希望があるということです。張り合いがあるということです。

年を取って張り合いがない、生きがいがない、希望がないとおっしゃる人は、先が真っ暗な人をいうのですね。老人はよくいいますね、「若い者はいいわなあ。先があって。我々年を取ると先がないから駄目だわい」と。先が真っ暗闇、光がない、あとは時間待ちなら、これでは張り合いがあるわけがありません。我々の刑は決まっています、我々は知らないけれども。あと何年のいのちか分からないだけでね。この頃、死刑執行問題がとりざたされていますが、裁判官が死刑を求刑するといっても、法務大臣が執行の判を押さないと、三年でも五年でも刑の執行はないんだそうですね。ですから何人もの大臣は自分でハンを押すのはいやだから大臣の机の上に書類がたくさんたまっていたそうです。ところがある人が法務大臣になったとたん、法は法にしたがって執行すべきだと判をポンポン押しました。私たちも閻魔様にポンと判を押されると明日にでもすぐに執行されるわけです。まあ、死刑囚とあまり変わりません。私たちもそんなもの、ただ分からないだけです。今日とも知らず、明日とも知らず。でも先は明るいですか。未来に希望はありますか。

だんだん寿命が延びてきました。これは医学のお陰です。人生五十年が人生八十年まで延びてきました。体は長生きさせてもらっていますが、身はいずれ衰えていくものです。それに対して心もそうなのでしょうか。心は先が開けているのでしょうか。これが後生《ごしょう》の一大事の問題。「年を取って体も弱って、駄目ですわ」と、心もそう言ってしまえば張り合いも生きがいもありませんね。身体は衰えるけれども、心は先が洋々と開けて明るい。

こういうことが浄土真宗の答えじゃないですか。それを後生の一大事といったのです。植物を見てごらんなさい。モヤシをはじめあらゆる生き物、あらゆる植物はみんな光に向かっています。植物はいのちをかけて「光に向かって、光を求めて、光を浴びて、光をいのちとして」生きているではありませんか。その光がなければ植物は育ちませんよね。生きものは、光をいのちとしていますね。それこそ私たちは人間ですよ。光を求める心を求道心、菩提心《ぼだいしん》といいます。仏法を求める心ですね。もし人間に生まれて「仕方がない。死ねばおしまい、川へ沈むみたいなものさ」と思っていたらモヤシより悪い。植物は体をねじ曲げ必死に光を求めています。私たちは人間に生まれました。光を求めようではありませんか。

その光の世界を私たちは、お浄土といただいてきました。光を如来様といただいてきました。もしも私たちに仏法を求める心がないならば、モヤシ以下ではございませんか。闇で良いということはありません。光は私たちに、生きがいと張り合いと希望ということを与えます。そして過去が明るい、未来が明るい、そういう人間の日暮らしを完成し、喜ばれる人生を送ってくれよというのが、如来様の願いですね。それを今晩は光として、お話をいたしました。その意味で、浄土真宗のみ教えは「希望の教学」であって決してあきらめや死後の教えでないことをつけ加えておきます。

八、悔い、いっぱい

この前もあるご門徒のお葬式がありました。七十一歳のおじいちゃんが自殺したんです。私はちょうどその時北海道へ布教に行っていましてお葬式は院代に出してもらったんです。帰ってお参りにいき、お聞きいたしますことには朝の四時頃、奥さんが隣に寝ているはずのご主人の姿が見えないので、オヤッと思って捜しに行ったら、前の小屋の所で首を吊っていました。びっくりして、腰を抜かしてしまいました。息子さんは二人いるのですが、東京と群馬にいて、ふだんはおじいちゃんとおばあちゃんの二人暮らし。病気を苦にしての自殺ですね。おばあちゃんは六十五、六歳。びっくりして前のうちへ飛んで行きました。「奥さんハサミ、ハサミ」下ろさなければならないでしょう。皆さんならできますか。前のお嫁さんがハサミを持って走って来てくれました。それこそ馬鹿力ですね。何とか布団まで運びました。そうしたら腰が抜けてしまいました。奥さんは重症なので初七日まで毎日私がお参りに行ってお話を聞きました。息子さんはいるけれども親戚が少なく、親しい友人夫婦が親身になって毎日来てくださるので助かっているのだけれども。その奥さん、毎朝四時頃になると、その首を吊った場面がパアッと出て、目が覚めるというのです。その気持ち、分かりますね。頭の中はショックで焼き付いているわけですよ。奥さん、気が狂わんばかりになってしまいました。息子さんを叩き起こしたり、友達に電話を掛けまくったりの状態になるわけです。私が行きましたら、毎日来てくださるお友達に、「今朝はすみませんでした」と謝っておられます。どうしたのかと聞くと、その話をするわけです。

「私に恨みがあって出るんでしょうか」と質問されました。そこで私は「奥さん、それは出ますよ」と答えたんです。「毎日出ますよ。ビデオみたいに出ますよ。毎日ビデオを見なければならないですね」私がそう言ったら、息子さんたちは変な顔をしていました。そんなこと気にしない方がいいですと言えばよかったのでしょうけれども、私は逆を言いました。「出るはずですよ。それだけのショックを受ければね。出ますよ、出て当たり前ですよ」と。皆さんがそうなったら、どうでしょう。その日、「ご院さん、厄払いというわけじゃないけれども、亡くなった所でお経をあげてもらえませんか」と言われるので、私は分かりましたといって、お経をあげました。それから奥さんは「実はこの十二月に、どうしたものか、急に二階のタンスを下へ降ろそうと思って、持ったところが滑ってしまって、階段から転げて、肋骨を五本も折ったんです。それで主人が病気で寝ておったのに、何もしてやれなかったものだから、その恨みなんでしょうか」というわけです。現在もまだ一本折れたままだそうです。それでもその体でご主人を抱いて運んだわけですから、すごいですね。死んだ体は重いですよ。よく持てましたね。「出ますよ、出て当たり前ですよ。それでも何十年も連れ添って、ご主人の最期をしっかり奥さんが抱きとめたのだから、よかったんですよ。だから出て当たり前なんですよ。ビックリする必要はありませんよ」と言ったわけです。

翌日、「奥さん、出ましたか」と聞いたら、「ボヤーンとしか出なかった」と言われました。出たら大変だ、と思わないように、思わないようにしようとすると、なおさら出る。それだけのショックを受けたら、出るのが当たり前なんですよ。だから出たって驚くことはありませんよ。当然出て当たり前なんですからね。

皆さんはお葬式に行くと「お悔み」を申し上げますが、あれはどういうわけでしょうか。人間、病気をして病院生活がはじまると、出ていった息子や娘は、まあ三カ月ぐらいは頻繁にお見舞いに来ますが、それ以上になると段々足が遠のいていきます。本当の事をいって申し訳ないけれども、そうでしょう。だからこそポックリ逝きたい、とこうなるわけでしょう。いくら娘が沢山おってもだめです。皆嫁いだ先には、家族があります。そうなると、やっぱりお嫁さんなんですね。誰が尻を拭いてくれるかというとね。だから良い年寄りになりたかったら、どうしたらいいかと言うと、尻を拭いてくれる人は誰かということを常に忘れなければ、良い年寄りになれますよ。良いおばあさんになる秘訣はこれ一つです。まあこれも余談ですが……。

「お悔み申し上げます」ということばは、どういうことかと言うと、三カ月も過ぎると、世話をする方も疲れてきます。その上現実には生活がありますからね。そうするとその中から人間いろんな根性が湧いてくるようになります。ところが自分では看病や扱いを十分したつもりになっているけれども、目を落とした途端変わるんですね、心というのは。皆さん、親と別れたことがあるでしょう。今までするだけのことをしたように思っていても、目を落とした瞬間、ああもしてやればよかった、こうもしてやればよかった。あの時、こうすればよかったのに。あんなこと言わなければよかったのにと、悔いの心が一遍に湧いてきます。生きている時は疲労が極限に達すると、早く死んでくれないかとさえ思う。凡夫の根性を言っているんですよ。良い悪いじゃなく、そんなふうにまで人間の根性は千変万化するということですよ。鬼も蛇も出てくる、悲しいことにね。ところが目を落とした瞬間に悔いいっぱいになる。これは不思議ですね。やっぱり仏様というものなのだと思います。全部自分のしてきたことが照らし出されてくる。そして悔いの心に落ち込んでいるのに対して、知人や親しい人から「この度はお悔み申し上げます」という挨拶の言葉が生まれたのですね。これはちゃんと人間の心にかなっているわけです。

今まで自分で良いと思っていた事が、全部足らない自分、ああもこうもしてやれば良かったと、パッと照らし出されるわけですね。これは不思議です。疲れ果てている我が身の心が、全部変わって照らし出される。足らない私、親不孝した私、悔いいっぱい、申し訳ない私が出てくるんですね。そのことを先に申した息子さん達を前に話した時に、親元を離れて外へ行った息子達にすれば、自殺した親に何もしてやれなかったことに対して、悔いがいっぱい残っています。ですからまだ三十代の息子さん、私がおつとめを終えて席に戻っても、しばらくじっとまだ頭を深く下げて合掌しておりましたね。足らない私、悔いいっぱいの私が照らし出されてくるのです。今までは「おやじ、まあ達者でな」ぐらいのものが一瞬にしてひっくり返る。これが不思議な仏様の世界であろうと思います。仏様というものが、過去を照らして下さり、お前が何であるかを照らして下さるということをつくづく感じますね。「お粗末な息子でございます。受けた御恩は深いけれども、悔いいっぱいの私でございます」という心境になるわけですね。

それで、そういう弱い、不足いっぱいの私のことを知っていて下さる如来様がいらっしゃる。それが私たちの如来様でしょう。誠に申し訳ない親不孝者で、「おやじ、まあしっかりやれよ」という程度でしか生きてこなかった自分、そして人間のお粗末さを知っていて下さる仏様がいらっしゃる。それが私たちの阿弥陀如来様、お見通し下さる如来様ですね。先程申したレントゲンの光は骨や内臓は照らすけれども、如来様は私たちの腹の底の底まで照らして、しかもお見通しになって、知っていて下さる。その如来様を私たちはいただいてきました。私が隠そうと、ごまかそうと、偽ろうとも、それを本当にお見通しになって下さる如来様の眼。人間は、申し訳ない、ああもこうもしておけばよかったと悔いるけれども、この弥陀は気づかなかったお前を承知しているぞと照らして下さるのです。

照らして下さるということは、「護る」ということであると親鸞聖人はおっしゃっています。本当に照らして知っていて下さることがどうして護ることであるかというと、わが子が川へ落ちたことが分かったらどうしますか。親は飛び込みますね。よその子だったら、飛び込んだら私のいのちが危ないわと思うけれども、我が子だったら着のみ着のまま飛び込みます。泳げないなどと言っていられませんね。飛び込みますね。如来様がご承知していて下さるということは、そのまましっかり抱き取って、我が身はどうなっても、救わずにはおれないということでございますね。本当に苦しみのどん底に沈んでいるというお前を知ったならじっとしてはおれない、救わずにはおれないという大悲ですね。知っている、本当に知るということは身体が動くことです。知っておっても身体が動かないのはただの頭だけの理解で、本当は知らないということなのではないでしょうか。かわいい子が今アップアップしている。これは大変だ。如来様は智恵の光をもって照らして下されて、みずからズーッと川の底まで潜って下さって、抱き取る大悲でございますね。如来様は私たちの過去を照らすと同時に、未来まで私たちを照らして光の世界、お浄土へと導いて下さいます。

親鸞聖人坐像

　私たちの人生は苦しみの中で頭をぶつけてみたり、転んでケガしてみたりする一生だけれども、先が見えれば明るいですね。人生は暗闇のトンネルだけれども、先が閉じているのじゃなく、先が開けている、それが今日の明るさです。

（お初夜《しょや》法話）

九、仏を恨む人間

親鸞聖人伝絵（六角夢想の段）

南無阿弥陀仏の心を開くと、帰命無量寿如来、南無不可思議になるとお話をさせていただきました。

それはまた、人間にとっての救いは、お念仏一つであるということでもあります。しかし、人生においてお念仏しかありませんねと教えられても「そうでございますね」と、今日なかなかいただかれなくなってきた、こういう状況が今の門徒の姿でございますね。お念仏は簡単だ。簡単なんだけれども、さて称えたところでどうなるんだ。こういう疑い、疑問、念仏申せど腹膨《はらふく》れぬ。念仏を申しても、腹いっぱいにならぬ。こういうようなところへ陥っているのではなかろうかと思います。お念仏は子供にも分かりやすいようにいえばアイ・ラブ・ユーということだと昨日お話をしました。「私はお前が好きでならない」。「私は」というのは如来様です。「お前は」「あなたは」というのは我々です。如来様は私たち一人ひとりを我が一子として、いとおしんで下さる。念仏はそういう仏様のお慈悲の言葉であり、愛の表現であります。如来様は私たち一人ひとりの子供を思う、これを南無阿弥陀仏というのですね。仏様の方から私たちに呼びかけて下さるお言葉ですね。それが今日ではだいたい、我々の方からお願いする、お頼みするのが念仏だと思っています。我々の方からはナンマンダブツではありませんね。これを間違わないで下さいね。ナンマンダブツ……、これは皆さんの神頼み、仏頼み。人間は常にそういうものに頼りたいと思い、最終的には苦しい時はワラをもつかむ。すなわち苦しい時の神頼み。それがさらに苦しくなっていくと奇跡を願う。たとえばガンになる。あらゆる治療のはてに不可能とは知りながらも、もしかしたらと奇跡を願う心が起こるのが人間です。九十九パーセント駄目でも一パーセントに望みを託するような、その一パーセントが自分の全体になってくる心です。人間は健康な時は奇跡が起こることを願うことなど思いもしません。けれど土壇場になりますと我を見捨てるのか、神も仏もあるものかと恨むようになる。そういうふうな追い詰められた状態。そういう形で祈るわけです。そして祈りながら落ちていくんですね、奈落の底に。

キリストはゴルゴダの丘で十字架にかけられて死にます。槍で刺し殺されますね。それで十字架というものがキリスト教のシンボルになります。「神よ神、何ぞ我を見捨てたもうや」と叫んで、息を引き取るのがイエス・キリストの最後の有名なお言葉です。奇跡は起こらない。その時に集まってくる民衆は「お前が神の子であるならば、奇跡を起こして当たり前だろう」と言ってなじるわけですね。なじるけれども奇跡は起こらない、これは極めて人間的だと思うのですね。だから逆から言えば、神様は奇跡を起して私を救ってくれません。あるのは苦しみの中で、切なさの中で、死ぬだけです。これしかありません。逆に言えば神を恨み、仏を恨むような者にしかなっていかないのが人間の最後じゃないでしょうか。そういうありようしかない人間を如来様は凡夫と言いあてられてあります。

人間が善をなせるのは「ゆとり」のある時であります。ゆとりがなくなってくれば、鬼にもなれば、蛇にもなる。人殺しでもやります。どんなふうにでも千変万化します。「人間は我が心の善くて人を殺すのではない。そのような業縁《ごうえん》がはたらけばいかなるふるまいもするものである」これが親鸞聖人の仰せですね。縁しだいによっては、人殺しでも何でもする。これは人間の持っている業というものだとおっしゃいますね。人間は業縁の存在です。ですから我々はゆとりのある時は、仏様、ご開山様、報恩講様、如来様。しかし、切なくなってくれば、みな吹き飛んでしまい、「何が仏だ、何が念仏だ」というようになってしまうというのが、我々の根性であります。

十、不確かな私

もし私が、いま癌《がん》を宣告されたとします。私はどんなふうになるか分かりません。自分を保障できるものは何もありません。「あなたはお坊さんでしょう。しっかりしなさいよ。喜びなさいよ」と言われても、それはどうなるか、何も保障はありませんね。私は、その時絶対大丈夫ですとは、今なにも言えません。泣き叫ぶかもしれないし、狂うかもしれません。恨みと愚痴で暴れまわるかも知れません。自分の事ですが何とも言えません。けれども、どのような業をもよおすか分からないけれども、如来様はそれをお見通しでございます。ただそれだけなのです。狂うお前、泣くお前、恨みいっぱいのお前。こんな仏様なんかあるものかと、仏様に剣《やいば》を向けるかも知れない私ですが、どのような業を描こうとも、確かなのは如来様の眼とお慈悲、愛の確かさだけです。如来様はそのような業をさらす私、不確かな私、状況、業縁《ごうえん》によってはいかようにも変わる私、私がどのような状況になろうとも、それを承知して下さっている。包んで下さる確かなお慈悲の本願であります。

私の体、心の中には、あてになるものは一つもありません。毎日、精いっぱい頑張っています。頑張るけれども状況によっては、どんなにふうにでも千変万化するのが私の根性だと申しておきます。「お坊さんでしょう。人の教えを説く身でしょう。それなのに……」といわれるかもしれませんが、人間には絶対という言葉は、それこそ絶対ありませんね。どういう状況に私は身をさらすか分かりませんけれど、それをお見通し下さっておられるのが、如来様の慈悲の眼、智恵の光であります。どのようになろうとも我が一子だよ、汝よ。狂っても、泣いても、恨みいっぱいになっても、仏に背き、怨《あだ》をなしても、私は汝を一子として、どこまでもしっかりつかみ、信頼しているというのが、如来様のお慈悲の心でしょう。そういう心を私たちは、南無阿弥陀仏、アイ・ラブ・ユーといただいてきたのです。業をさらし、笑い者になろうとも、お前のことをどこまでも見放すことはできない、どこまでも愛を持って、慈悲を持って、どこまでも我が一子として抱えていくという如来様のお心、それだけが確かなのですね。確かなのは、如来様のお慈悲しかありません。私には確かなものは一つもありません。不確かな私、それに対して如来様の心は＝確かな本願＝です。私は業をさらしながら、どのようになろうとも、私をしっかり抱いて下さる、信じて下さる、知って下さる、その如来様の大悲のお心をいただいていくのが浄土真宗の信心ということですね。我が身やわが心を整えて仏を信ずるのでなくて、私はどうなるか分からないけれども、どのようになろうと私を了解し、私を抱きとって一途に私を信じて下される如来の心をいただいていくのが念仏の信心です。如来様の迷い苦しむ私を思う切なる心を顕したのが、南無阿弥陀仏の六字です。

南無阿弥陀仏は、仏様の心の表現です。あるいはお前がどのようになろうとも、どのように罪を犯そうとも、お前から一瞬も目をはなすわけにはいかないのが、親の心だ、弥陀の心だとの訴え、叫びが南無阿弥陀仏。お前が好きで好きでならないのが南無阿弥陀仏です。だから南無阿弥陀仏は人間の側から称える呪文ではありません。仏様の愛の言葉なのです。仏様のわが子、凡夫を思う、胸いっぱいの心を南無阿弥陀仏と、我々に現して下さり、名告《なの》って下さったのです。その南無阿弥陀仏の心を私たちは了解しないと、空念仏になり、呪文になってしまって、ナンマンダブツ・ナンマンダブツって何だろうと、わけが分からなくなってしまいます。ナンマンダブツと言ったって天気が晴れるわけでもない、金が降ってくるわけでもない、体が丈夫になるわけでもない、何がナンマンダブツだと、分からなくなってしまうのです。例えば、そういう宗教があるでしょう。朝一時間お勤めしなさい、お経を一生懸命称えると、称えた功徳で助かる。まだ熱心さが足りない。あるいは行が足りるとか足りないとか言います。念仏宗の中にも、そういうのがあります。京都へ行くと百万遍念仏寺という寺もあります。百万遍も称える行を積むのです。これらは称えた念仏の功徳で助かる「自力の念仏」と言いますね。

我々浄土真宗の南無阿弥陀仏は、如来様が私たちを見抜いて、祈りかけて下される、これを「他力の念仏」と言います。こちらから人間の方から仏さまへ向かって祈っていくのを自力の念仏、如来様から私たちへ向けて、お慈悲いっぱい、愛を込めて南無阿弥陀仏と祈って下されるのが他力の念仏ですね。仏様に念じられている私、仏様に守られている私、仏様に思われている私。その私とは、先程申しましたように、ぎりぎりいっぱいになったらどんなふうな業をさらすか分からないものです。しかしどんなになろうとも、お前一人を我が一子として見放すわけにはいかない、この切なる思いの親だと、現れでて下さったのが南無阿弥陀仏ですね。仏の愛を込めて南無阿弥陀仏、仏の祈りを込めて南無阿弥陀仏、その他力の南無阿弥陀仏が、いつの間にか呪文になったり、空念仏《からねんぶつ》になったり、意味が分からなくなった。けれども、仏様は私たちを地獄の底にまで身を捨てて、仏様のほうから汝、お前よと念じて下さる。それが南無阿弥陀仏さまです。それを私たちは「ああ、そうだなあ、南無阿弥陀仏」といただかさせてもらう。これが私たちの申すお念仏ですね。

南無阿弥陀仏と念じられ、南無阿弥陀仏と称えさせていただく。私たちと仏様との心の交流がないと、一方通行では如来様が思っても、受け取ってくれる人がいなければ、如来様の願いは空しい。如来と私、親と子の心が本当に心を通いあったところに念仏の信心がなり立ちます。南無阿弥陀仏の六字のなかに地獄の底に沈む凡夫をそれをそのまま包む絶対の救いとが現されております。それがお念仏一つと申される親鸞聖人のお心であります。

（晨朝《じんじょう》法話）

十一、法要の心

当山の今年度の報恩講、親鸞聖人様のご法要もめでたく御満座《ごまんざ》となりました。今回はお正信偈の「帰命無量寿如来　南無不可思議光」南無阿弥陀仏を開くと、いのち限りなく、光限りない阿弥陀如来様に南無し、帰依したてまつる、と私たちはお正信偈さまの冒頭をいただいてきたのですが、このお心が分かればお念仏さまがいただけたということになるのでございます。私たちを限りなく照らして下さる、お前はどういうやつだということを、本当に如来様が知らせて下さる。人間本当に分からないのは自分でございます。

親鸞聖人伝絵（聖人幼年期及出家の段）

私は門徒のご法事に行きますと、法事の心ということでお話をします。私たちは毎日一生懸命生きております。バタバタ忙しい忙しいの日暮らしをしています「忙しい」という字はりっしんべん忄に亡と書きますね。忄は心で忙の字は心がなくなるということです。漢字はよくできていまして、「心」が下にくると、「忘れる」という字ですね。朝から晩までただ忙しい忙しいの日暮らしをしていて人生を終わってしまう。なぜかというと、心が亡くなっているからで、ちょうど人間が機械か道具のようにバタバタ動いているうちに人生が終わってしまう。そんな風に世の中を私たちは毎日生きております。

生きているという事は、正式に言えば自分のいのちを生きているのだけれども、その〝いのち〟は皆いただきものでしょう。賜りたるいのち、授かったいのちです。いのちは「私のもの」ではありませんね。生きているとは正式には「いただいたいのちを私が一生懸命生きている」わけです。私が、おれがと言って頑張っているけれども、私がというのは自分かも知れないけれども、いのちとは別物でしょう。いのちと私とは別のもの、違うのではないですか。それをみんなが「私のいのち」と思っておりますけれども、いのちは頂きものではございませんか。そのいのちを私が生きていると、こう言えるのではないでしょうか。今日は何して、明日は何して、今年は、来年はと、こうやって私は生きていると言っているけれども、頑張ることのできる〝いのちそのもの〟は頂きものです。

私は、法事のとき ご先祖様とは何ですかと聞かれると、いつも「それは、あなたの背中ですよ」とお答えします。「私が」と頑張って生きているのは前姿、私の前の部分、それに対していのちそのものは私の背後背中だと。ところが私たちは毎日忙しいと言って前を向いて走っていますから、いつも後《うし》ろ、背中を忘れてしまっております。けれども生きているということはその背中の力に押し出されて、促されて、生かされて生きているということなのです。その背中がなかなか見えません。前は見えるけれど、後ろは見えません。ちょうど紙であらわせば、表と裏があって一枚の紙が成り立ちます。表のない紙もないし、裏のない紙もありません。私だ、自分だと頑張っている前姿と、その頑張ることのできる力、背中が、一枚の紙の裏のように、私が成り立ちますね。それがいつの間にか、背中を忘れてしまって私が一生懸命やって、私が努力して、私が苦労してここまでやってきたというように、自分の力だけでやってきたと錯覚しますと、人間は傲慢になり、うぬぼれのかたまりになるのではないでしょうか。だから背中とは、私の背景であり、私のいのちの歴史であります。それを私が自分の力でやったんだと思い上がる。それは一枚の紙でも表があって裏がないようなもの、そんな紙なんかないでしょう。私も前があって、背中があって、私がはじめて成り立つのでしょう。そういう意味で背中というのは、私を今日まで押し出し、歩ませて下さったいのちの大きい歴史の力でありますね。

そういう「いのちの歴史」を私たち門徒はまた、「南無阿弥陀仏」としていただいてきました。日頃忙しい忙しいと前には向かって進んでいるけれど、背中ということはいつでも見失い勝ちです。法事とはそういう意味では一つには反省・懺悔ですね。「朝から晩まで、あのことこのこと、次から次へと用事用事で追い回されて忙しい忙しいと、日頃大切だ、大事だとわかっておってても背中を忘れがちでございます」と懺悔・反省するのが法事というものです。と同時に「にもかかわらず今日ここまで何とか、曲がりなりにも家族一同、歩ませていただき、ありがとうございました」と御礼・感謝・報告申し上げるのが法事の心でございましょう。懺悔《ざんげ》・反省と御礼・感謝の心、ちょうど縦糸と横糸みたいなものですね。それが法要の心というものでしょう。

ですから浄土真宗の人は、昔から法事をしてやるということは申しません。「法事をお勤めさせていただきます」と、受け身の言葉をつかってきました。それがだんだん消えまして、「法事をしてやる」と言うようになり、「たまには法事ぐらいしてやらなければ」と。厚かましいにも程があります。してやるのだったら、ご先祖様の方からお礼を言ってもらわなければならないことになります。向こうから手を合わせてもらわなければならないですね。そんな厚かましいことがありますか。法事のとき仏様に向かってなぜ私が手を合わせ、なぜ私が頭を下げて合掌するのか。こちらがお礼を申し上げる、こちらが手を合わせているでしょう。この頃の法要のときの主人のご挨拶、「さぞかし仏も喜んでいる事と思います」何言っているのですか。つづいて「酒だけはたっぷり用意してありますから、ゆっくりやって下さい」そういう挨拶をするとはもってのほかです。「さぞかし仏も喜んでいる事と思います」と言ったって、勝手に思うだけの話で、そんなのは自己満足です。それからこの頃、冠婚葬祭の本に書いてあるのを読んだせいか「草葉の陰で」などとよく言います。何と愚かな事を言うのでしょう。これから冬に向かって寒くなります。草葉の陰なら肺炎を起こしますよ。そんな挨拶はするものじゃありません。全く姿勢が違います。「家族一同お陰さまで、今日ここまで何とか日暮らしさせてもらいまして、喜んでおります」と主人が挨拶するのです。喜んでおりますとは私の方でしょう。だから手を合わせ、頭を下げる世界があるのでしょう。

私が法事の場でおつとめの後、だいたい以上のような法話をすると、主人は挨拶に詰まってしまいます。「あの、あの、今ご院さんが、あの……、おっしゃったように……」とか言って、今まで主人は挨拶を一言考えていたのに、私の方が先手必勝ですからね。「さぞかし喜んでいることと思います」などと言うのは、もってのほかです。こちらが本当にいただいているかどうか、こういうことでしょう。あべこべですよ。これがみなひっくり返ってきています。「してやる」という姿勢、これが浄土真宗の堕落、人間の堕落ですね。法事の心が分からなくなってきていることです。

この「させていただく」という受け身の言葉ですが、これが私は一番奥ゆかしい、尊い言葉だと思います。これはどういう所に生まれてきたかというと、お念仏の心から生まれてきたのです。ですから浄土真宗の広まった所、越前や加賀、越後などはみな「させていただきます」という言葉が伝承されてきました。お念仏のなかった所はそういう言葉はありません。作家の司馬遼太郎さんもあちこちで書いています。この方は一向一揆の時代からの熱心なご門徒の流れを汲んでこられた家に生まれて、作家になる前は京都で宗教担当の新聞記者をしておりました。この人がお念仏のあるところは「させていただきます」という表現、受け身の言葉があるが、関東にはお念仏が薄いものだから、そういう言葉がない。してやる、してやる式の言葉ばかりですと新聞や雑誌であちこち発言しておられます。しかし、今は門徒の中からも「勤めさせていただきます」という伝統が、消えはじめています。なにごとも全部自分でやってきた、たまには親の法事ぐらいしてやらなければならないだろう、というわけです。言葉としてなんの気なしに挨拶しているけれども、いつの間にかだんだん自分が見えなくなってきているのが、今日の社会でございますね。ですから皆さんよき伝統は大事にして心をくみとっていただきたいと思います。

いただいたいのちに生かされて私があるわけです。ですから私は法話のなかで「今いくら金があっていばっておっても、背中の分からないような人間は、必ず貧乏になるから」といいます。だってそうでしょう。「自分が分からないような人間に発展はありますか。一時は良くてもね。前も背中もあって、初めて自分でしょう。背中が分からないということは、自分が分からないということ。自分が分からない人間は、いつまでも栄え続ける事はありません。今は調子に乗っているけれども、必ず衰えるから覚悟しなさい」と、当たり前のことでしょう。自分を知らざる人が衰えるのは、当然じゃありませんか。ですから、「家族一同お陰さまで喜んでおります」と、お礼・感謝申し上げるのが法事の心であり、主人の心の姿勢です。どういう生きざまをしているか、自分が今日どのように生きているかという心の姿勢が問題なのです。この心の姿勢が、一日一日の積み重ねで、人生というものを作り上げていくわけです。そういう意味で、単に挨拶の仕方ではなくて、生き方、心の姿勢を浄土真宗の門徒として問われているんだと申し上げます。

法事・法要は先祖のため、亡くなった人のためでなく、今日現在生きている人のために行うのですね。どこまでもこの私のためにです。だから反省と懺悔《ざんげ》の心と感謝と御礼があるのです。そして明日からまた忙しく迫ってくる問題に対応せねばならんのが生活です。法要はその明日からの生活の出発点に立つという意味がありましょう。

それからもう一つ言いますと、ご法事をお勤めになる時、ご親戚の方をお呼びになりますね。ご親戚の方にお参りをしてもらうということは、公共性をもつことを意味します。親戚の方々は主人や家族の喜びを証明する人達なのです。証《あかし》がなければ駄目です。仏教では、これを「お荘厳《しょうごん》」といいます。お荘厳とは、にぎにぎしく徳を飾るという意味です。だからご親戚の方々にたくさんおいでいただいて、ご焼香してお参りしていただくということは、家族一同喜んでおりますということが、単なる個人的な喜びじゃなくて、家族親戚一同が喜びの心を証明し分かちあうということなのです、それをお荘厳といいます。ですから報恩講さまに沢山お参りさせていただくということは、ご開山様のお心をにぎにぎしく立派に証明するという意味で、お荘厳なのです。証明ということはお荘厳、お飾りということですね。私たちはただお供えを飾ったからとか、お花を立派に飾ったからとか言うけれども、それはものを飾ったのでなく喜びの心をにぎにぎしく飾る、証明する、表すという意味なのですね。そういう意味でご親戚をお招きしているのですよ。

まあ、たまたま法事の方に話が行ってしまったんですけれども、元を正すと「前と後」「背中が分からない」というように、私を知らさせてもらうということはなかなか面倒です。なかなか自分ということはいただけないんですね。前は見えても、背中は見えない。

そういうような私たちですね。

十二、見放さぬ愛

親鸞聖人伝絵（五条西洞院の段）

いのちと光ということで、「帰命無量寿如来　南無不可思議光」というお話をさせていただいてきました。光というのは、如来様が私たちを照らして下さる不可思議なる光のことでございますね。今申しましたように、前は見えるが背中は見えない。しかし、前も背中も照らして下さるのは如来様の光。そして照らされて見れば、私たちはゆとりがあれば人間らしい顔もしていられるけれども、私の心からゆとりというものを取ると、それこそ鬼にもなるし蛇にもなる、何をしでかすか分からないのが、人間というものの根性であるということがわかりました。本当に世間は当てにならないと言うけれども、自分ほど当てにならないものはありません。いいですか、人様のことなど言っていられないのです。私は、聖人君子のように一生送ることができればいいと思いますけれども、その時その時で何をしでかすか分かりません。人間からゆとりを除くと、善人づらの顔は吹き飛びます。恥も外聞もなくなるような〝不確《ふたし》か〟な私でございます。その時になってみなければ分からないと言うのが、本当ですね。私はゆとりを与えられているから、こうやって人様に通る人間として、何とか生かさせてもらっておりますけれども、ゆとりがなくなると〝確かなもの〟は何一つありません。私を保障するものはないのです。そういうところに人間の悲しい姿、凡夫の正体があります。凡夫とは、確かなものが一つもないということです。当てになるものは一つもないということです。そういう悲しい存在であります。

今もまだ、インドに立派なカトリックの尼さんがおられます。マザーテレサというノーベル平和賞をいただいた方です。インドはお釈迦様の国ですけれども、大変貧困で人口の多い国です。町中に人があふれ、しかも行き倒れとかコレラとか伝染病で沢山の人が見とられないまま死んでいく、そういう国です。ベルギーのカトリック教会の尼さんであるマザーテレサさんは、これは大変、見すてておけないと、これらの人々を引き取って、世話をする施設を何十年とされておられる。もう八十歳を越えていますが、立派にやっておられる。病で苦しむ人のため、身寄りのない人のために命をかけておられる方ですね。ノーベル平和賞を受賞後ですが、もう十年程前に日本に来られました第一声が「現代において貧困とは、物がないことではありません。見放されるということです」とありました。このことばは忘れられません。すばらしい言葉だと思います。現代における貧困・貧しさというのは、物がないことではありません。見放されるということなのです。誰からも相手にしてもらえなくなるということなのです。昔は貧困というと、明日食べる米がない、米びつが空っぽになった、お金も一銭もない、ということでした。今はそんな事はありませんね。仮に頼る人が誰もいなくとも、最低限度のことは福祉で保障されますし、民生委員の方が葬式も出してくれます。

普通は貧困というと、お金から見放されたので貧乏だということになります。更に年を取ってくると、今度は、身体から見放されます。あっちが悪いこっちが悪い、次に人から見放されるようになります。全く世間から見放されてしまうのが死ぬということです。そうでしょう。人から見放されること、これを貧困といわれるのです。まだ皆さんは仕事ができるし、友達もあります。職場を退職すると、今日は老人会だ、ゲートボールだ、旅行だ、明日はお参りだと出掛けるようになります。そのうち病気になって倒れると、しばらくはいろんな人が見舞いに来てくれるけれど、長くなると段々足が遠のいてくるようになり、「まだあのじいさん、生きておったのか」と言われたりします。おばあちゃん達はその点男より強いですね。男は弱いですね。都会の老人はなおさら悪いです。一番みじめですよ。女の人だったら隣の家へ遊びに行けるけれども、どういうものか、男の人というのはそうはいかないですね。男の人はよその家へ気楽に出向くことはできないんですね。そのくせ、自分のところに人が訪ねてこないと怒ったりします。出向かない人の所へは誰も来ませんよね。自分が行くから来るのであってね。自分が出て行かないで、人が来るということはないでしょうね。段々世間が狭くなって、段々頑固になって、貧乏にな

るんですよ。お金がいくらあっても見放されてしまいます。人生最後は、娑婆に見放されて棺桶に入る。最後のお別れは見放し式。しようがないですよね、娑婆から消えていくんですから。人生というものは必ず見放されるように出来ております。昔一生懸命頑張った、それこそ家のために、社会のために、頑張ってきても忘れられていく。寂しいですね。見放され、貧困になっていく。なるほどなあと思います。私たちはお金がないのを貧乏というけれども、そうじゃないんです。

人間というのは、利用価値のあるうちは必要とされるんですよ。利用価値のないのは駄目。本当にはっきりしているものです。給料を持ってくるからこそ、お父ちゃんなのです。お金を持ってこないおやじなんかいない方がいいですね。人生、三つの段階があります。働いて役に立つ者は「有用の存在」、定年で、もう来なくてもいいですよとなると「無用の存在」、中風になると「不用の存在」、人生三段階。有用存在で死んだら花輪がいっぱいになりますが、無用存在になるとだんだんと減り、その後はもう、ちらほらです。居ても居なくてもいい不用の時期が長かったら、本人が一番切なくて、地獄というものです。国も大変です、国民健康保険は赤字で困るというわけです。有用の時期はいいけれども、無用で生き甲斐がなくなって、不用で居ない方がいいと邪魔者扱い。その上お金がかかります。無用の時期と不用の時期が長いのを長寿社会というんですよ。ある町では、百まで生きたら百万円くれるということですが、使うこともできない人にあげても、間に合いはしないでしょう。子供はうれしいでしょうけど。困りましたね、地獄の期間が長くなるというのは。貧乏貧困の期間が長くなるのですから。そうかといって早く死にたくないですしね。それが本性ですね。親鸞聖人のおことばに「苦悩の旧里《きゅうり》は捨て難く、安養の浄土は恋しからずそうろう」（歎異抄）とありますが苦しみ多い娑婆だけれども、この娑婆の苦悩の旧里は捨て難く、いくらお浄土がよいと聞いておっても、安養の浄土は恋しからずそうろうと。それが本音ですね。けれども見放されるという中で、人生を歩まなければなりません。どうしましょう。段々見放されて淋しくなるけれど、死にたくはありません。こういう矛盾を持っているのが人間というものですね。

このように人は見放されていくものです。夫婦・親子でも駄目。そこにどうしても必要な見放さぬ愛、どのようになろうとも見放さぬ愛、なくてはならぬもの、これが私たちのいただいてきた如来様でしょう。如来様のお慈悲、南無阿弥陀仏さまです。

私たちは、見放されれば見放されるほど、愛情不足になって根性が曲がります。犬や猫でもかわいがってやれば素直になるけれども、人から相手にされなくなると、どうしてもひがみっぽくなります。当然でしょう。「お前よ、お前よ」という声が掛かってくれれば、心というのは豊かになっていくものです。ところが忙しい、忙しいで、老人は構ってもらえない、誰も相手にしてくれない、声も掛けてくれない。また電話も掛かって来ないんですね。たまたま寒い中リンリンと鳴り、やっと腰を上げてトボトボ出たら「〇〇ちゃん、いませんか」と孫の電話の取り次ぎばかりしていなければならないのです。ここにお参りのおじいさん、おばあさんのところへはよく電話が掛かって来ますか。電話で自分の交際範囲が分かりますね。今の子供は昼でも夜でも電話ばかりで、休みだと親は取り次ぎ役ですよ。見放される、声が掛からない、相手にしてくれない、行きたくても行けない、寂しくなる。そういうのを愛情不足といいます。年をとったのだから、心豊かにゆったりとして日暮らしたらいいようなものだけれども、いかんせん愛情不足で見放されますし、お友達も減ってきます。テレビを見ても何のことか分からない。サッカーなど分からないでしょう。若い者は夢中になっているけれどもね。皆さんは聞いたことも、やったこともないでしょう。そのようなわけで、貧困とは物がないことではなく、実は見放されることだとマザーテレサさんは簡明に教えて下さいました。なるほどなあとうなずけるのではないでしょうか。

だからこそ、どんなになろうとも私を見放さない愛がほしい。これは人間の本能です。どうなろうと、こうなろうと、お前よ、お前よとやすむことなく声を掛け、私を愛してくださる、慈悲を下さる心の親を、私たちは南無阿弥陀仏さま、如来様として、先祖代々いただいてきたのです。違いますか。皆さんが如来様のお慈悲の心をいただかないと、どうしても貧乏になります。根性が曲がります。ひがみっぽくなります。もともとおってもおらなくともいい人間が、なおさら居なくてもいい人間になってしまいます。ご信心がないとそうなるのですよ。如来様のお慈悲が分からないと大変な問題になってしまいます。だからこそ一大事なんです。お慈悲の親様を持っておられますか？　いただいておられますか？　ご開山親鸞聖人の九十年のご苦労は、如来様といういのちの親を私たちにお与え下されたということです。それが門徒としてご縁のあった尊さです。

貧乏になるのが人生、けれども私は豊かでございます、いつも如来様に護られ、如来様に照らされ、如来様に念じられ、如来様と一緒でございます。たとえ体は中風になって思うように身体が動かなくても、如来様と一緒でございます。人は相手にしてくれないけれども、如来様は私から離れないで、いつも一緒でございます。如来様と一緒のお念仏さまの日暮らしでございますと、こういただける生活をご開山様は私たちに与えて下さったのです。すなわち本当に他に依らず、人に依らず独立者として生きる生活です。どうかそれを一つしっかりといただき直してもらいたいと思います。特にこれから皆さんは無用の時期、不用の時期が長くなるのですから、如来様と一緒でないとなおさら貧乏な淋しい生活になります。すでに種と仕掛けは私たちは授かっていますから、どうか南無阿弥陀仏《なむあみだぶつ》さまの心を、如来様のお慈悲をしっかりしっかりいただいて、これから心豊かな生活をしていただきたい。それが浄土真宗の念仏の信心の日暮らしということでございます。

合掌

(御満座法話)

あとがき

庭のさつきの花も満開も過ぎかけましたが、こんどは紫陽花の花が開いて入梅の訪れを知らせております。

六月の最後の日曜日の午後は、わたしの寺の門徒の会である「光輪会」の総会が開かれるのが恒例となって十五年となります。

今年はその総会にあわせまして、先代住職の十三年忌、先々代住職の四十年忌、同坊守の二十三年忌、先々代住職の母の百年忌の法要を迎えまして、ご門徒による法要をつとめさせていただくことになりました。

ついては、法要の記念になにか門徒の方々へ気持ちを表したい、と考えたあげく、拙い自分の法話を活字にしてみてはと考え、考古堂書店のお力で刊行させていただくこととなりました。これは、たまたま平成五年の十一月、福井県の大野市今井の西応寺様の報恩講へ参りましたおりの法話を、当寺の神田泰淳師がテープから文字に起こして、呈上していただいたものがありましたので、法要を機会に蛮勇をふるって恥ずかしさも顧みず、小さな冊子にしたのがこの本であります。

能力も時間もかぎられ、すべて皆様のお力を借りて出来上がったものでありますが、浄土真宗の法座での語りの雰囲気が、身近な門徒の方々に少しでも伝えられて法縁となるならばと、愚案の果ての印刷であります。

お晨朝（おあさじ）は朝の七時、お日中（おにっちゅう）は十時から、お逮夜（おたいや）は午後二時、お初夜（おしょや）は午後七時からと一日四回のおつとめと法話説教が三日間つとまるのが西応寺様の報恩講です。

越前大野では、ご門徒の方々が総力挙げて準備、お荘厳、お斎、ご寺院の接待案内すべて取り仕切って親鸞聖人のご法事である報恩講さまをお勤めになります。

三日間、朝から晩まで休むことなく聴聞して下されたお同行のご門徒のお力でお話させていただきました。ここに皆々様に厚く御礼申し上げます。

また、この度の出版に際しては、刊行をお勧めいただき、装丁校正など一切お世話頂きました考古堂書店出版部の角谷輝彦氏には重ねて深く謝意を表します。

平成七年六月十二日

廣澤憲隆

[著者紹介]

廣澤 憲隆（ひろさわ　けんりゅう）

昭和13年（1938）生まれ。
大谷大学大学院修士課程終了
真宗仏光寺派瑞林寺住職。
新潟市小針４丁目5-18
（025-266-1846）
本山布教使
共著『真宗門徒 新潟の仏事』
　　『なむの大地』（考古堂刊）
令和３年７月20日 浄土還元

法話　帰命のこころ

一九九五年六月二十五日　初版発行
二〇二三年七月二十日　再版発行

著　者　廣澤　憲隆

発行所　㈱考古堂書店
新潟市古町通４・５６３
０２５・２２９・４０５０

印刷所　㈱ウィザップ
新潟市南出来島２・１・２５
０２５・２８５・３３１１

ISBN978-4-87499-008-7 C0076
定価はカバーに表示してあります